## 6 QUE SEA COMPLETA E INTEGRA

Una carta debe responder plenamente al propósito que la motiva, formando toda ella una serie de secuencias que conduzcan a una total unidad.

## 7 QUE NO PRESENTE DETALLES OBVIOS O INNECESARIOS

Una carta debe ser funcional. Destruye su valor lógico y su fin primordial las desviaciones sintácticas que se producen por el uso y abuso de elementos innecesarios.

## 8 QUE SEA RESPETUOSA PERO CON PROYECCION SOCIAL DE AMISTAD Y CORDIALIDAD

Una carta debe demostrar tacto, psicología, que ayude a las relaciones de buena voluntad como elemento positivo para el propósito mercantil.

## 9 QUE MOTIVE AL LECTOR EN LA MISMA FORMA Y GRADO QUE DETERMINO SU RAZON DE SER ESCRITA

Una carta debe impresionar tan favorablemente al lector que ésta produzca los mejores resultados.

## 10 QUE CAREZCA DE ERRORES SINTACTICOS, ORTOGRAFICOS Y TECNICOS

Una carta debe regirse por las normas que regulan la sintaxis, a fin de obtener claridad en la expresión. La ortografía debe ser impecable y la técnica --manuscrita o mecanográfica-- debe ajustarse a normas estéticas establecidas para producir una impresión agradable en el lector.

# Correspondencia Comercial: Fondo y Forma

Un estudio clasificado

Documentación mercantil bilingüe

Business Spanish

## Luis González del Valle

Profesor de Kansas State University. Editor de Journal of Spanish Studies: Twentieth Century (revista de Literatura Española e Hispanoamericana de este siglo).

## Antolín González del Valle

Profesor de University of North Carolina at Wilmington.
Ex-Profesor de la Universidad Central de Las Villas; de la Escuela Normal para Maestros y de la Escuela Profesional de Comercio de Santa Clara.

V20

*Published by*

## SOUTH-WESTERN PUBLISHING CO.

CINCINNATI   WEST CHICAGO, ILL.   DALLAS   PELHAM MANOR, N.Y.   PALO ALTO. CALIF.   BRIGHTON, ENGLAND

DEDICATORIA:

A
Antolín,
Constanza,
María y
Manuel González del Valle

# CONTENIDO

Motivación

Proyección didáctica.

## PARTE PRIMERA

### ANÁLISIS Y TEORÍA DE LA CORRESPONDENCIA. EL ESPAÑOL COMERCIAL PSICOLOGÍA DE LA COMUNICACIÓN. LA "BUENA VOLUNTAD" EN LA CORRESPONDENCIA MERCANTIL.

## PARTE SEGUNDA

### LA CORRESPONDENCIA Y LA DOCUMENTACIÓN MERCANTIL EN LA PRÁCTICA.

## APÉNDICE I

## APÉNDICE II

# MOTIVACIÓN

Este libro está diseñado para servir de texto en los cursos secretariales y comerciales de enseñanza profesional. En otras palabras, para ser usado en las instituciones docentes especializadas en la formación de secretarias, corresponsales, técnicos en negocios, correspondencia y documentación mercantil. Es un libro que ofrece orientación secretarial para estudiantes de nivel postsecundario.

Su estructura está fundamentada en consonancia con la evolución vertiginosa y rápida de la vida moderna.

Se establecen o señalan patrones o modelos acordes a esa evolución, teniendo en cuenta que la correspondencia, para que sea efectiva y útil, debe marchar paralelamente con la época, con los sistemas actuales de la vida comercial y social y, fundamentalmente, con las exigencias, de orden económico y psicológico del comercio moderno para hacer posible el mejor uso y el mayor desarrollo de las relaciones humanas en un mundo que, por múltiples razones sociológicas, está en vibrante y continua evolución, ora en las letras, ya en las ciencias y, especialmente, en las disciplinas económicas.

**Correspondencia comercial: fondo y forma** rompe estructuras tradicionales inacordes con nuestra actual forma de vivir. En consecuencia, el libro aspira a la dispensación de una enseñanza secretarial —en sus distintos niveles y formas— en viva consonancia con las conquistas que, en el campo de la psicología, mercadotecnia y relaciones humanas, orientan los nuevos rumbos de la nueva sociedad que estamos viviendo.

Las viejas fórmulas, los moldes carcomidos de una literatura comercial obsoleta no pueden solucionar los problemas que hoy presenta esta nueva vida, problemas que, en el aspecto de la comunicación escrita, correponden ser resueltos por secretarios o secretarias forjados en nuevos moldes, en nuevas estructuras, en patrones que respondan a esas exigencias de una vida comercial, social y oficial que, por sobre todo, es dinámica activa y funcional.

**Correspondencia comercial: fondo y forma** es un libro de estudio, pero es, además, un libro de consulta, un manual indispensable ya para el estudiante, ora para el profesional, como instrumento didáctico de formación y como instrumento de consulta para la solución de variados problemas dentro del campo de la comunicación en general.

Posiblemente sea este un libro que, en una sola unidad, cubre aspectos que generalmente necesitan, para ser desarrollados, de varios libros. Los autores hemos querido —fundamentados en la experiencia— concentrar en una unidad o libro cuanto necesita conocer el secretario o secretaria para la mejor ejecución de sus funciones secretariales. Así en el libro se exponen definiciones y ejemplos. Se hace énfasis en las orientaciones gramaticales, ortográficas y literarias. Se explican las técnicas de la construcción epistolar a la luz de la psicología de los negocios y de las relaciones humanas. Se cuida de la pureza del lenguaje, de las formas literarias de expresión, de la estilística comercial, social y oficial, sin entrar —porque no es necesario— en la selva literaria de la prosa española.

Ofrece, pues, una forma de expresión natural, sencilla, fácil y se complementa la obra con una proyección bilingüe, atendiendo a lo indispensable que resulta al secretario o corresponsal poder resolver directamente, en un momento dado, los problemas de la correspondencia comercial en inglés.

El enfoque es nuevo, el programa es nuevo. Con este libro cubrimos a plenitud las exigencias de los programas vigentes en las instituciones comerciales y secretariales. Sobre todo nuestra orientación didáctica, técnica, psicológica y sociológica responde, como expresamos, a la nueva forma en que se proyecta y consolida la sociedad actual en que desenvolvemos todas las actividades inherentes a la vida de relación.

Una serie de ejercicios prácticos familiarizarán al estudiante en estas nuevas formas de comunicación y de expresión.

Si este libro contribuye —como esperamos— a una más efectiva dispensación de las técnicas modernas para la comunicación en general, los autores se sentirán muy satisfechos.

L. G. del V.

A. G. del V.

# PROYECCIÓN DIDÁCTICA

El plan general de la obra abarca dos grandes áreas: 1. El análisis y la teoría de la correspondencia; 2. La correspondencia y la documentación mercantil en la práctica.

El área primera es, esencialmente, teórica, por su propia estructura. Allí se estudia y aprecia el español comercial, la psicología de la comunicación, la buena voluntad ("goodwill") en la correspondencia y negocios mercantiles.

Esta área está cubierta por cinco capítulos. No obstante su estructura teórica, múltiples ejemplos y diseños objetivan la enseñanza.

El área segunda es eminentemente práctica, como corresponde a un libro de esta naturaleza. Además de las definiciones y orientaciones indispensables, los seis capítulos que la integran muestran variedad y profusión de ejemplos. Estos ejemplos forman un cuerpo vivo, real, positivo, que da estructura y unifica el propósito general de la obra.

Al final de cada capítulo, tanto del área teórica como del área práctica, aparecen los cuestionarios y ejercicios fundamentales para la fijación del aprendizaje. De esta forma el alumno podrá demostrar al profesor, no sólo el conocimiento de la materia que ha estudiado, sino —y esto es fundamental— su elaboración personal; en otras palabras, pondrá de relieve su calidad y su personalidad.

Didácticamente el libro responde a una estructura unitaria donde se respetan los basamentos psicológicos y pedagógicos que nos vienen desde el clásico decálogo pestalozziano hasta las proyecciones activas de la nueva educación de vida y de trabajo. El libro obedece, pues, a un plan debidamente estudiado y equilibrado para que pueda llenar, a cabalidad, su finalidad didáctica y orientadora.

Contribuye a completar la función central de la obra su proyección bilingüe. Al efecto, aparecen palabras, términos, frases, etc., en español y en inglés, debidamente numerados a lo largo de todo el libro. Esta manifestación bilingüe hará posible, con la ayuda de un diccionario manual, o sin ayuda, la traducción de cartas y documentos escritos en español. Pero además, y he aquí un aspecto muy nuevo y práctico, el estudiante podrá elaborar, a través del uso de esas expresiones numeradas, combinándolas de acuerdo con las circunstancias, cartas de textos diferentes, con su correspondiente traducción al inglés. En otras palabras podrán escribirse cartas, en ambos idiomas, con gran facilidad y sin complicaciones sintácticas. Los ejemplos que aparecen en el libro ilustran, elocuentemente, lo que acabamos de expresar.

Las páginas para tareas o asignaciones están horadadas, a fin de que puedan ser entregadas al profesor para la correspondiente revisión y calificación. Estas páginas deberán volver a los alumnos para la confección de un álbum, carpeta o cuaderno con los trabajos realizados durante el curso.

# PARTE PRIMERA

## ANALISIS Y TEORIA DE LA CORRESPONDENCIA.

## EL ESPAÑOL COMERCIAL.

## PSICOLOGIA DE LA COMUNICACION.

## LA "BUENA VOLUNTAD" EN LA CORRESPONDENCIA MERCANTIL.

**Estilística mercantil. La ética, la estética y la psicología en la correspondencia comercial moderna. El ambiente de "buena voluntad" o "goodwill".**

## ESTILÍSTICA MERCANTIL

**Estilística** es el estudio del estilo o sea de la expresión lingüística.

El **estilo** es la manera de escribir, es decir, la forma de expresar los pensamientos. En consecuencia, se ha dicho con razón que "el estilo es el hombre".

El estilo puede ser clasificado de múltiples formas: literario, científico, mercantil o comercial, social, familiar, etc.

Para nuestro estudio, nos interesa fundamentalmente, el estilo mercantil o comercial, por cuanto dentro de este estilo girarán nuestras actividades secretariales.

El estilo comercial es el que debe imperar en la correspondencia mercantil. Este estilo pone de relieve la personalidad del secretario o corresponsal, empresario o gerente de una institución comercial.

Los elementos fundamentales de este estilo son:

1. Naturalidad

2. Claridad

3. Concisión

4. Cortesía

O sea, (1) expresarnos sin afectaciones, tal como se produce la normal expresión oral cuando hablamos;(2) expresarnos en forma comprensible, con palabras sencillas, sin rebuscamientos de términos o vocablos, para evitar toda manifestación de oscuridad; (3) expresarnos en forma breve, donde el asunto se enfoque de manera directa, sin eliminar desde luego, los elementos necesarios para la mejor comprensión y (4) expresarnos en forma agradable, discreta, o sea que contribuya a crear una atmósfera de buena voluntad. No olvidemos que una carta comercial es un mensajero que lleva una misión vital: ganar a través de la confianza y de la simpatía la buena voluntad, que es sin duda, factor esencial para el mayor éxito de una empresa o negocio.

## LA ÉTICA, LA ESTÉTICA Y LA PSICOLOGÍA EN LA CORRESPONDENCIA COMERCIAL MODERNA

La ética es la moral, las obligaciones del hombre para con la sociedad. Este aspecto es fundamental porque sin ética jamás podrá conseguir la correspondencia comercial eso que se ha dado, justamente, en llamar la "buena voluntad". Sin moral nunca podrá obtenerse este factor, vital en todo negocio o empresa mercantil.

La estética es la ciencia de la belleza. En consecuencia, en la correspondencia es el buen gusto en su presentación: en otras palabras, la distribución adecuada del texto que forma la carta, la calidad del papel empleado, la distribución armónica de los elementos tipográficos que integran el membrete, la limpieza y nitidez de los tipos de la máquina en que se escribe; o si la carta es manuscrita, la calidad caligráfica de la letra empleada en la misma.

A estos aspectos podemos llamarle la **estética externa**, o sea, la **forma de presentación**, ya que existe, además, una **estética interna** que está en el **fondo del texto escrito**. En ese texto, sencillo, conciso, concreto, hay sin duda, una composición sintáctica que reclama no un lenguaje literario, pero sí un lenguaje natural, espontáneo, un lenguaje que refleje cultura y dominio del idioma, es decir, un lenguaje agradable; en consecuencia, un lenguaje estético.

La psicología es sencillamente, el estudio de la conducta. Por tanto, la psicología juega un papel importante en la correspondencia comercial moderna.

El estudio de la psicología hará posible la mejor comprensión de los problemas que naturalmente, se presentan en la vida mercantil y en consecuencia, facilita la forma de reaccionar ante variadas situaciones o problemas.

La práctica diaria y constante en la redacción comercial, unido al estudio de la psicología general y aplicada, hará posible al secretario o secretaria hacer el mejor uso de esta disciplina, contribuyendo así de manera eficaz a obtener —por medio de una atmósfera de buena impresión, de comprensión y de confianza— lo que es en buen sentido comercial la "buena voluntad". En otras palabras, que los clientes se sientan satisfechos, en disposición de volver al lugar donde han sido bien tratados.

En el capítulo VIII tendremos oportunidad de ver y estudiar algunos ejemplos de cartas que ayudan a crear esa atmósfera de "buena voluntad".

Una buena carta comercial debe crear una buena impresión donde se fijen, psicológicamente, los factores esenciales que contribuyen al gran éxito de un negocio: 1. servicio eficiente, 2. producto de calidad, 3. relaciones públicas cordiales.


## EL AMBIENTE DE "BUENA VOLUNTAD"

Tal como venimos expresando el gran éxito de un negocio depende de la buena voluntad que se mantenga a través de los elementos citados y de la redacción que se dé a su correspondencia. Las cartas deben estar bien escritas a base de un planeamiento previo. Sin ese planeamiento no es posible obtener cartas que conduzcan a la forjación de ese ambiente vital.

La buena voluntad representa, además, la plusvalía, o sea, un capital efectivo en cualquier negocio o empresa. El ambiente de "buena voluntad" tiene un alto valor económico por cuanto es algo que aumenta y complementa, en el orden mercantil, el prestigio que necesita una institución para su definitiva consolidación en la sociedad en que se desenvuelve. Es por ello que ese ambiente de "buena voluntad" tiene, por sí solo, su precio, máxime que es ambiente que puede trasmitirse a través de generaciones, épocas o períodos. En pocas palabras, es al negocio o empresa lo que el alma o el corazón es al cuerpo humano.

1.—¿Qué estudia la estilística?

2.—¿A qué llamamos estilística mercantil?

3.—¿Cómo puede ser clasificado el estilo?

4.—¿Qué estilo debe imperar en la correspondencia mercantil?

5.—¿Cuáles son los elementos fundamentales del estilo mercantil o comercial?

6.—¿En qué consiste la naturalidad?

7.—¿En qué consiste la claridad?

8.—¿A qué llamamos concisión?

9.—¿Por qué la cortesía constituye un elemento fundamental en la correspondencia comercial?

10.—¿Contribuye la cortesía a crear un ambiente de "buena voluntad"?

Capítulo I                                    Ejercicio Núm.................

Alumno:.........................................................................Fecha:...................................

11.—¿A qué se refiere la ética?

12.—¿A qué llamamos estética?

13.—¿Qué relación tiene la moral con la "buena voluntad"?

14.—¿Cuántos aspectos estéticos podemos considerar en una carta comercial?

15.—¿Por qué es importante el estudio de la psicología?

16.—¿Cuáles son los factores que contribuyen al mejor éxito de un negocio?

17.—¿Por qué el ambiente de "buena voluntad" representa un capital efectivo en cualquier negocio o empresa?

**Las cartas. Sus elementos fundamentales. Cartas de más de una página. Fondo y forma de las cartas. Clasificación general. Esquemas ilustrativos.**

## LAS CARTAS

Las cartas constituyen un medio de comunicación rápido, efectivo y económico, de gran importancia en las relaciones humanas.

## SUS ELEMENTOS FUNDAMENTALES

Las principales partes de una carta comercial son:

1. El membrete. **(The letterhead )**

2. La localidad y la fecha. **(The date line )**

3. El destinatario y la dirección. **(The inside address )**

4. La referencia o asunto. **(The reference line )**

5. El saludo. **(The salutation )**

6. La introducción. **(The introduction )**

7. El texto. **(The body of the letter )**

8. La despedida. **(The complimentary close )**

9. La firma y la ante-firma cuando sea necesario. **(The signature preceded by the name of the company if this is customary in its correspondence )**

10. Los anexos o adjuntos —si se incluye algo. **(The enclosures )**

11. La dirección del remitente —si no aparece en el membrete. **(The sender's address if this is not in the letterhead )**

12. Las iniciales del firmante y del copista o mecanógrafo. **(The initials )**

13. La posdata (P.D.) —cuando sea necesario. **(The post scriptum or P.S.)**

# 1. EL MEMBRETE

Es el encabezamiento que lleva impreso el papel. En ocasiones el membrete identifica el nombre de quien escribe la carta (ejemplo d); la identidad de un funcionario de una organización (ejemplo b); o la institución por la cual se está escribiendo (ejemplos a, c, e). También sirve el membrete para establecer la ocupación de la organización que escribe (véase la segunda línea del ejemplo e).

a

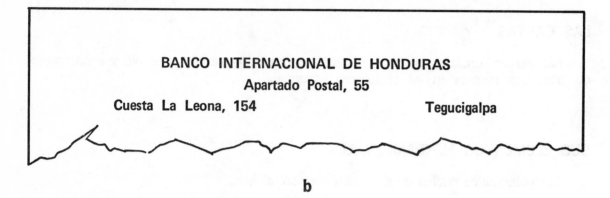

**BANCO INTERNACIONAL DE HONDURAS**
**Apartado Postal, 55**
**Cuesta La Leona, 154**                    **Tegucigalpa**

b

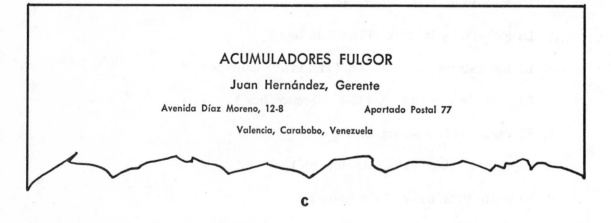

ACUMULADORES FULGOR

Juan Hernández, Gerente

Avenida Díaz Moreno, 12-8                    Apartado Postal 77

Valencia, Carabobo, Venezuela

c

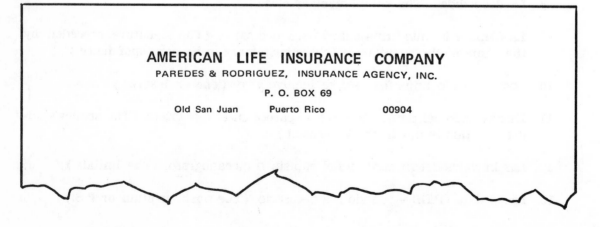

AMERICAN LIFE INSURANCE COMPANY
PAREDES & RODRIGUEZ, INSURANCE AGENCY, INC.

P. O. BOX 69

Old San Juan        Puerto Rico            00904

**d**

Miguel Angel Bruneti

Casilla de Correos 3889    Correo Central
Buenos Aires                    Argentina

**e**

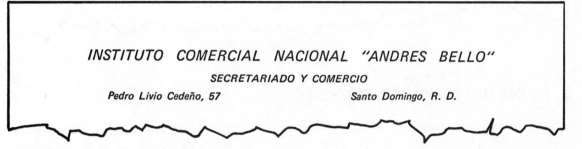

*INSTITUTO COMERCIAL NACIONAL "ANDRES BELLO"*

*SECRETARIADO Y COMERCIO*

*Pedro Livio Cedeño, 57*                    *Santo Domingo, R. D.*

## 2. LA LOCALIDAD Y LA FECHA

Se escriben debajo del membrete (véase el ejemplo f). Si la localidad aparece en el membrete no hay necesidad de repetirla al escribir la fecha (véase el ejemplo g).

**f**

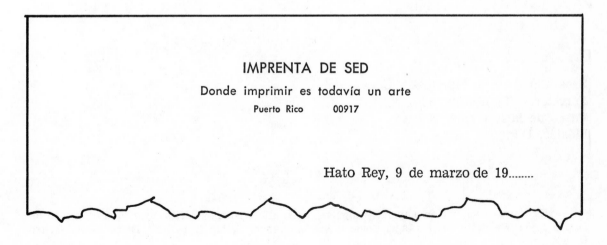

IMPRENTA DE SED

Donde imprimir es todavía un arte
Puerto Rico        00917

Hato Rey, 9 de marzo de 19........

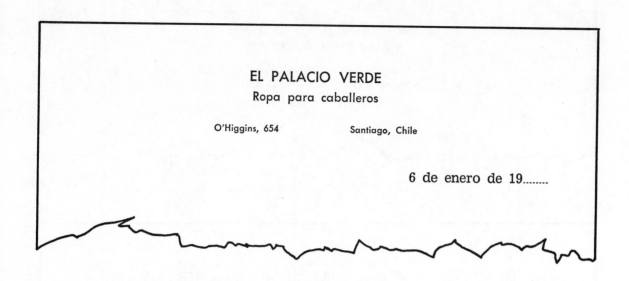

EL PALACIO VERDE

Ropa para caballeros

O'Higgins, 654          Santiago, Chile

6 de enero de 19........

## 3. EL DESTINATARIO Y LA DIRECCIÓN

Nombre de la persona a quien se dirige la carta, calle, número, pueblo y país (ejemplo h). En ocasiones se considera como parte de la dirección de la organización donde labora la persona a quien se le escribe (ejemplo i).

h

Lic. Alberto Mantilla*
Avenida Urdaneta, 667
Caracas, Venezuela.

i

Sres. Capablanca, Martínez y Cía.
Ferretería "La Campana"
Paseo de la Reforma, 999
México, D.F.

————*Es muy frecuente, en España y algunos países de Hispanoamérica, usar el tratamiento de Don o Doña. Ejemplo: Sr. D. Angel Colón o Sr. Don Angel Colón; Sra. Doña Dulce María Castro Ríos.

## 4. LA REFERENCIA O ASUNTO

Algunas cartas comerciales llevan referencia o asunto. Es un dato que se coloca en la parte superior derecha del destinatario. La referencia o asunto expresa algo relacionado con la carta. Ejemplos:

Ref.: Factura núm. 1881 o
Asunto: Sobre factura núm. 1881

En cartas oficiales, en algunos países, es costumbre colocar en ese espacio la palabra "Oficio". Ejemplo:

Oficio Núm. 1198

## 5. EL SALUDO

Se escribe debajo de la dirección. La forma depende de la relación que exista entre el remitente y el destinatario. Ejemplos:

1. Señor (a) (es) (as):

2. Estimado (a) (s) señor (a) (es) (s):

3. Estimado (a) (s) cliente (s):

4. Estimado (a) señor (a) y amigo (a):

5. Distinguido (a) señor (a):

6. Distinguidos (as) señores (as):

7. Respetable señor (a):

8. De mi (nuestra) consideración:

9. Querido (a) amigo (a):

10. Mi querido (a) amigo (a):

11. Amigo (a) mío (a):

12. Honorable señor (a):*

13. Excelentísimo (a) señor (a):*

14. Ilustrísimo (a) señor (a):*

15. Muy señor mío (nuestro):

* Estos tratamientos corresponden a personalidades de alta jerarquía: Presidentes, Reyes, Gobernadores, Embajadores, Cónsules, etc. También se usan —en el orden religioso— Su Santidad o Santo Padre dirigiéndose al Papa; Su Eminencia, a los Cardenales; Su Ilustrísima, a los Obispos; Muy Reverendo Padre, a los Monseñores; Reverendo Padre, a los Sacerdotes.

También, en otras circunstancias, se usan estos tratamientos: Compatriota; Compatriota y amigo (a); Conterráneo; Estimado (a) colega; etc.

# 6. LA INTRODUCCIÓN

Se escribe después del saludo y debe ser sencilla. Es el principio de la carta; en consecuencia, es el inicio del texto de la carta. La introducción debe ser natural y espontánea. En las cartas comerciales debe ser, además, breve. Veamos algunos ejemplos propios para cartas comerciales:

1. La presente tiene por objeto comunicar a Ud. (s) que ..

2. Confirmándole (s) nuestra carta de 10 de octubre de 19............ ...

3. Acusamos recibo de su carta de fecha 2 de mayo de 19............ ...

4. Hemos recibido su estimada del 4 de julio de 19............ ...

5. Hemos recibido vuestra carta del 20 de mayo de 19............ ...

6. Acabamos de recibir su carta del 17 de febrero de 19............ ...

7. Acabamos de recibir vuestra estimada carta del 9 de abril de 19............ ...

8. Tenemos a la vista su grata del 8 de septiembre de 19............ ...

9. Le (s) suplicamos se sirva (n) avisarnos si recibió (ieron) nuestra carta del 26 de octubre de 19............ ...

10. Necesitamos nos envíen, por vía aérea, a la mayor brevedad posible, ...

11. Recibimos ayer su carta de pedido de fecha 14 de enero de 19.......... acompañada de un cheque por la cantidad de $................. como pago anticipado.

12. En relación con su carta, fechada el 19 de marzo de 19.........., donde solicita ...

13. Recibimos su carta y sentimos mucho expresarle que ...

14. Tenemos el deber de comunicarle que ...

15. El portador, Sr. Orlando Evora, gran amigo, comerciante de sólidos prestigios, ...

16. Tengo (tenemos) el gusto de incluirle ...

17. Por razones de salud me veo obligado a ...

18. De orden del Señor Ministro tengo el gusto de informarle que ...

19. La irreparable pérdida de su querido padre ha conmovido profundamente nuestros sentimientos. Fue su padre ...

20. Me complace informarle que acaba de salir el Catálogo General de ...

# 7. EL TEXTO

Es el conjunto de párrafos que explican el asunto o motivo de la carta. Estos párrafos deben ser cortos en las cartas comerciales. El lenguaje debe ser claro y preciso, natural y espontáneo. Tanto las cartas comerciales como las oficiales deben ser cortas. Las privadas pueden tener más extensión, por su carácter íntimo. Veamos algunos ejemplos:

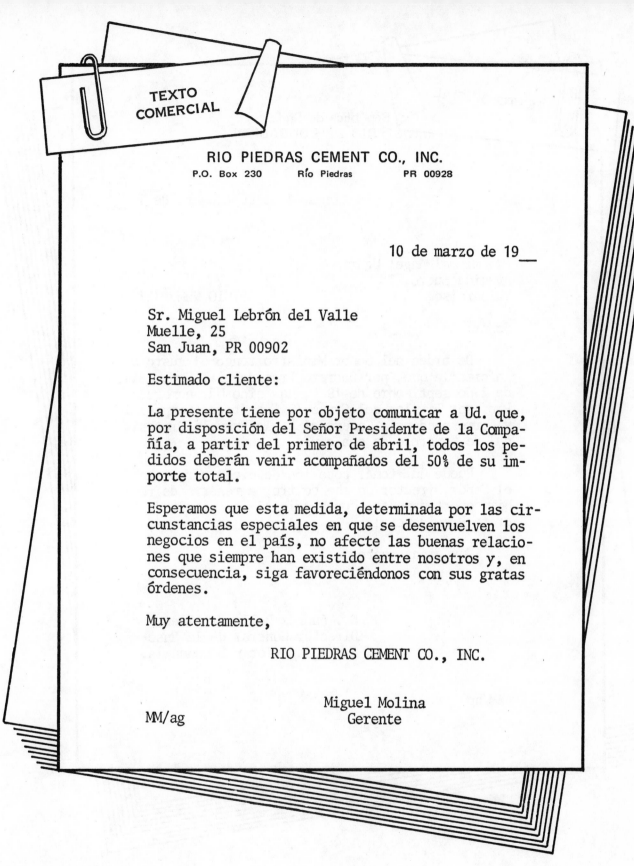

**RIO PIEDRAS CEMENT CO., INC.**

P.O. Box 230      Río Piedras      PR 00928

10 de marzo de 19__

Sr. Miguel Lebrón del Valle
Muelle, 25
San Juan, PR 00902

Estimado cliente:

La presente tiene por objeto comunicar a Ud. que, por disposición del Señor Presidente de la Compañía, a partir del primero de abril, todos los pedidos deberán venir acompañados del 50% de su importe total.

Esperamos que esta medida, determinada por las circunstancias especiales en que se desenvuelven los negocios en el país, no afecte las buenas relaciones que siempre han existido entre nosotros y, en consecuencia, siga favoreciéndonos con sus gratas órdenes.

Muy atentamente,

RIO PIEDRAS CEMENT CO., INC.

Miguel Molina
Gerente

MM/ag

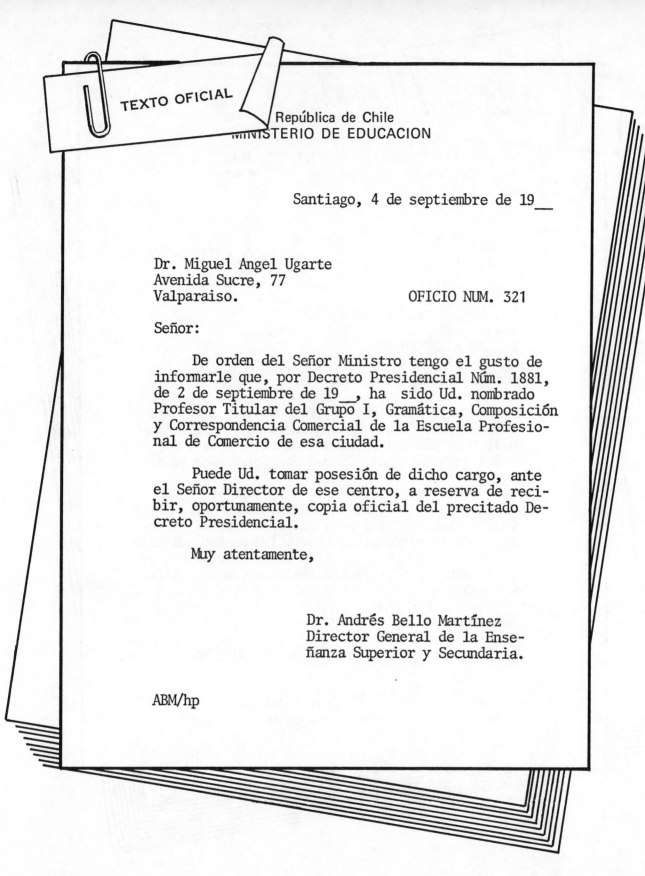

TEXTO OFICIAL

República de Chile
MINISTERIO DE EDUCACION

Santiago, 4 de septiembre de 19__

Dr. Miguel Angel Ugarte
Avenida Sucre, 77
Valparaiso.                          OFICIO NUM. 321

Señor:

De orden del Señor Ministro tengo el gusto de informarle que, por Decreto Presidencial Núm. 1881, de 2 de septiembre de 19__, ha sido Ud. nombrado Profesor Titular del Grupo I, Gramática, Composición y Correspondencia Comercial de la Escuela Profesional de Comercio de esa ciudad.

Puede Ud. tomar posesión de dicho cargo, ante el Señor Director de ese centro, a reserva de recibir, oportunamente, copia oficial del precitado Decreto Presidencial.

Muy atentamente,


Dr. Andrés Bello Martínez
Director General de la Enseñanza Superior y Secundaria.


ABM/hp

*José González del Valle Álvarez de la Campa*
*813 Colonial Drive*      *Wilmington, N.C. 24801*

15 de marzo de 19__

Sr. D. José Ma. González del Valle Herrero
Avenida del Generalísimo, 16
Madrid 2, España.

Mi querido amigo y pariente:

Ayer recibimos su carta de fecha 25 del p.pdo. mes.
Gran alegría nos produjo la noticia del viaje que
tienen proyectado a los Estados Unidos.  Será una
magnífica oportunidad para que visiten esta ciudad
de Wilmington, en Carolina del Norte, y pasen una
temporada con nosotros. Tenemos la seguridad que
tanto a Josefina como a Ud. les agradará mucho este
pueblo. Wilmington es una ciudad muy acogedora y muy
bella.  Los jardines de las plantaciones Orton tienen fama en todo el país.  Las playas de Wilmington
son excelentes.

Precisamente, en abril, cuando Udes. piensan venir,
la ciudad se cubre toda de flores y, con gran entu-
siasmo popular, se celebra el tradicional Festival
de las Azaleas.

Esperamos nos escriban dándonos más detalles del viaje.

Sinceros afectos de toda la familia. Cariños para su
esposa.  Un fuerte abrazo,

José

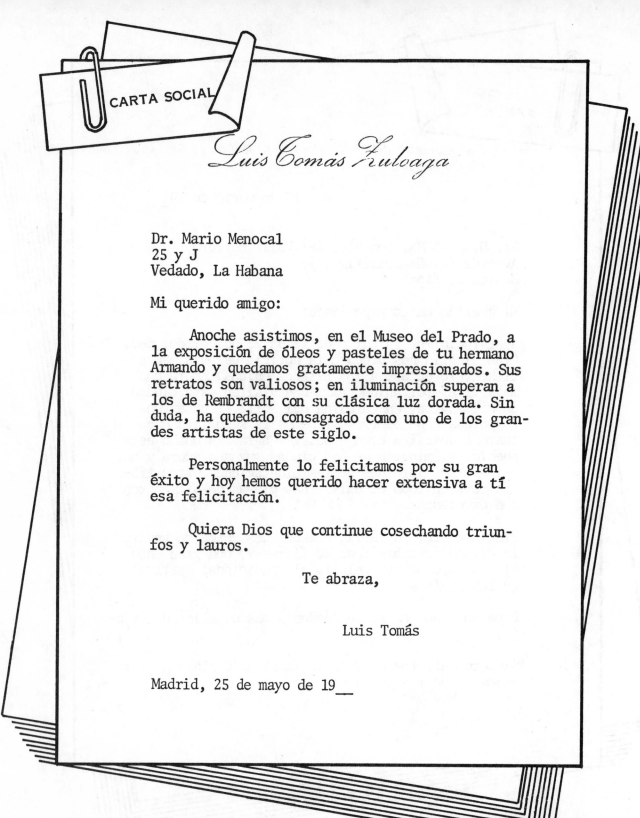

*Luis Tomás Zuloaga*

Dr. Mario Menocal
25 y J
Vedado, La Habana

Mi querido amigo:

    Anoche asistimos, en el Museo del Prado, a
la exposición de óleos y pasteles de tu hermano
Armando y quedamos gratamente impresionados. Sus
retratos son valiosos; en iluminación superan a
los de Rembrandt con su clásica luz dorada. Sin
duda, ha quedado consagrado como uno de los grandes artistas de este siglo.

    Personalmente lo felicitamos por su gran
éxito y hoy hemos querido hacer extensiva a tí
esa felicitación.

    Quiera Dios que continue cosechando triun-
fos y lauros.

      Te abraza,


        Luis Tomás


Madrid, 25 de mayo de 19__

## 8. LA DESPEDIDA

Es la forma con que se da fin a una carta. La despedida guarda relación con el saludo y con el texto mismo de la carta. Ejemplos:

1. Atentamente,

2. Muy atentamente,

3. Sinceramente,

4. Fraternalmente,

5. Cordialmente,

6. Es su muy afecto amigo,

7. Es su amigo (a),

8. Esperando su (vuestra) pronta respuesta, soy de Ud. (Udes.) muy atentamente,

9. Aprovecho (amos) la oportunidad para repetirme (nos) muy atentamente,

10. Quedo muy atento y s.s., (seguro servidor)

11. Quedamos muy atentamente,

12. Es su seguro servidor,

13. Le (te) aprecia muy de veras,

14. Le (te) quiere,

15. Le (te) abraza,

16. Le (te) quiere y le (te) abraza fuertemente,

17. Saluda a Ud. (s) con especial consideración,

18. En espera de sus noticias, quedo (amos) muy atentamente,

19. Sin otro particular, saludamos a Ud. (s) muy atentamente,

20. Con la mayor consideración,

21. En espera de sus noticias al respecto, quedo (amos) muy atentamente,

22. Respetuosamente,

23. Le anticipa las gracias por la atención que preste (n) su muy atento servidor y amigo,

24. Esperando oir de Ud. (s), quedamos muy atentamente,

25. Gracias por todas las atenciones que siempre me (nos) han dispensado. Quedamos muy atentamente (cordialmente) (respetuosamente),

26. Sinceros afectos de toda la familia. Un fuerte abrazo,

27. Lo felicita su cordial amigo (a),

28. Siempre le (te) recuerda con cariño,

29. Como siempre, quedamos muy atentamente a sus órdenes,

30. En espera de sus gratas órdenes, quedamos muy atentamente,

31. Soy de Ud. con todo respeto y consideración,

32. Muy devotamente,

33. Reciba (V.E. —vuestra excelencia—) el testimonio de mi más alta (de nuestra más alta) y distinguida consideración,

34. Tu,

35. Su,

36. Devotamente,

## 9. LA FIRMA (y la ante-firma cuando sea necesario)

Es el nombre manuscrito del remitente. Ejemplos:

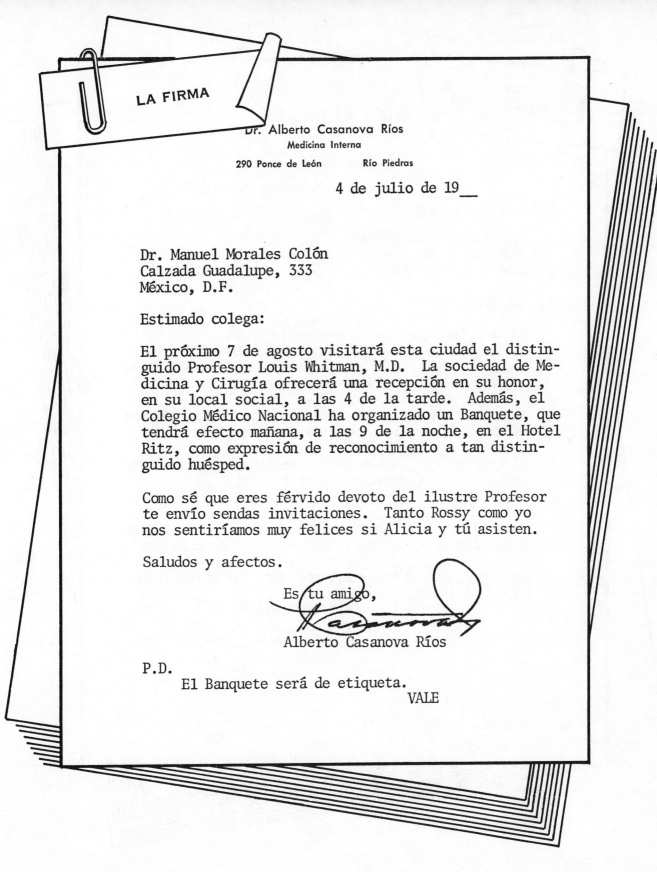

LA FIRMA

Dr. Alberto Casanova Ríos

Medicina Interna

290 Ponce de León        Río Piedras

4 de julio de 19__

Dr. Manuel Morales Colón
Calzada Guadalupe, 333
México, D.F.

Estimado colega:

El próximo 7 de agosto visitará esta ciudad el distinguido Profesor Louis Whitman, M.D.  La sociedad de Medicina y Cirugía ofrecerá una recepción en su honor,
en su local social, a las 4 de la tarde.  Además, el
Colegio Médico Nacional ha organizado un Banquete, que
tendrá efecto mañana, a las 9 de la noche, en el Hotel
Ritz, como expresión de reconocimiento a tan distinguido huésped.

Como sé que eres férvido devoto del ilustre Profesor
te envío sendas invitaciones.  Tanto Rossy como yo
nos sentiríamos muy felices si Alicia y tú asisten.

Saludos y afectos.

Es tu amigo,

Alberto Casanova Ríos

P.D.
     El Banquete será de etiqueta.
                                        VALE

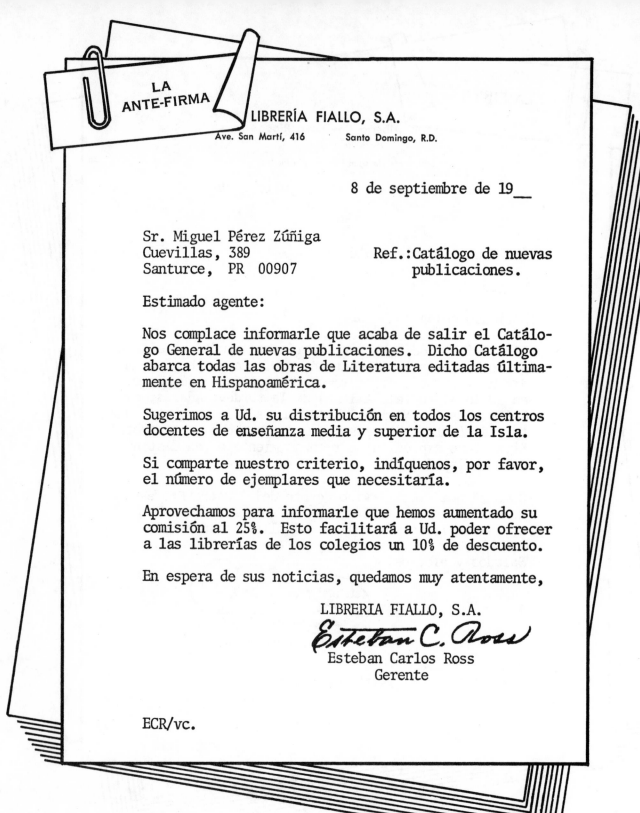

LIBRERÍA FIALLO, S.A.

Ave. San Martí, 416          Santo Domingo, R.D.

8 de septiembre de 19__

Sr. Miguel Pérez Zúñiga
Cuevillas, 389                    Ref.:Catálogo de nuevas
Santurce,  PR  00907                   publicaciones.

Estimado agente:

Nos complace informarle que acaba de salir el Catálogo General de nuevas publicaciones.  Dicho Catálogo
abarca todas las obras de Literatura editadas última-
mente en Hispanoamérica.

Sugerimos a Ud. su distribución en todos los centros
docentes de enseñanza media y superior de la Isla.

Si comparte nuestro criterio, indíquenos, por favor,
el número de ejemplares que necesitaría.

Aprovechamos para informarle que hemos aumentado su
comisión al 25%.  Esto facilitará a Ud. poder ofrecer
a las librerías de los colegios un 10% de descuento.

En espera de sus noticias, quedamos muy atentamente,

LIBRERIA FIALLO, S.A.

*Esteban C. Ross*

Esteban Carlos Ross
Gerente

ECR/vc.

## 10. LOS ANEXOS O ADJUNTOS (si se incluye algo).

Cuando se incluye algo con la carta debe indicarse al final. Ejemplo:

Anexo: 5 facturas.

## 11. LA DIRECCIÓN DEL REMITENTE (si no aparece en el membrete)

Cuando la dirección del remitente no aparece en el membrete deberá ser escrita en el margen izquierdo, al final de la carta. Ejemplo

Avenida Nacional, 323
Panamá, Panamá.

También puede seguirse el sistema moderno de escribir la dirección del remitente sobre la fecha. Ejemplo:

Oliva Polanco, 244
Mayagüez, Puerto Rico 00708
31 de diciembre de 19........

## 12. LAS INICIALES DEL FIRMANTE Y DEL COPISTA O MECANÓGRAFO

Junto al margen izquierdo, al final de la carta, se escriben, con mayúsculas, las iniciales del remitente y al lado, con minúsculas, las del copista o mecanógrafo. Ejemplo:

AGV/scr

Es aceptable usar el sistema norteamericano de separar las iniciales del que dictó la carta, o remitente, y del que la mecanografió, con dos puntos. Ejemplo:

AGV:scr

## 13. LA POSDATA (P.D.) —cuando sea necesario.

La P.D. se usa para añadir algo que dejó de mencionarse en el texto de la carta. Al final de la posdata se acostumbra escribir la palabra latina VALE. Ejemplo:

P.D.

Por favor, envíen todos los paquetes por avión.

VALE.

## CARTAS DE MÁS DE UNA PÁGINA

Cuando las cartas comerciales tienen más de una página es recomendable que las páginas adicionales tengan escrito en la parte superior el nombre del destinatario, el número de la página y la fecha de la carta. Puede ser usado cualquiera de los modelos expresados a continuación:

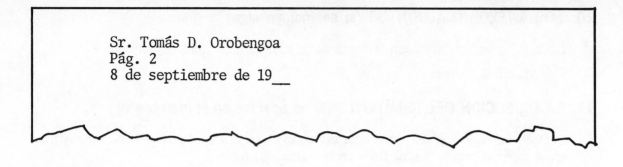

Sr. Tomás D. Orobengoa
Pág. 2
8 de septiembre de 19__

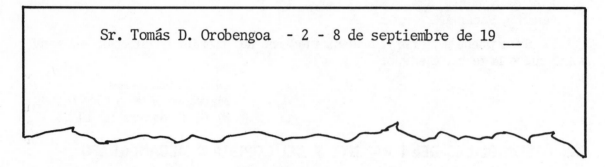

Sr. Tomás D. Orobengoa  - 2 - 8 de septiembre de 19 __

## FONDO Y FORMA DE LAS CARTAS

Las cartas deben escribirse en forma atractiva.

La carta refleja la personalidad de quien la escribe. El lenguaje vulgar, las frases inapropiadas, no son recomendables para una carta. Debe tenerse especial cuidado en la redacción de los párrafos.

Un párrafo es un conjunto de oraciones relacionadas entre sí que tratan de un mismo asunto.

Los párrafos deben ser cortos, breves. Los párrafos largos, sobre todo en las cartas comerciales, contribuyen a dar oscuridad en la exposición. En toda carta debe apreciarse su valor ético y su proyección psicológica.

El fondo de una carta debe ser concreto, debe expresar el propósito a que aspira. La forma debe poner de manifiesto el uso correcto de la lengua. Fondo y forma son elementos que se complementan.

En la forma hay que distinguir dos elementos fundamentales: 1. el sintáctico, o sea la composición o redacción del texto, es decir, claridad, unidad, brevedad; 2. el estético, o sea la presentación exterior, es decir, la distribución correcta de los espacios, —conforme a las normas estudiadas en mecanografía—, la limpieza, el tipo de letra a usar, etc.

Para escribir buenas cartas se recomienda:

1. Lecturas de cartas modelo.

2. Estudios de psicología general.

3. Conocimientos de psicología aplicada a las relaciones humanas.

4. Estudios generales de literatura.

5. Dominio de las estructuras sintácticas y de la ortografía.

6. Conocimientos mercantiles, tales como de mercadotecnia, promoción y venta, negocios, banca, normas sociales, etc.

7. Estudios de lógica, ética y filosofía de las relaciones humanas.

## ESTILOS DE PRESENTACIÓN

Los estilos de presentación más conocidos son los llamados BLOQUE y SANGRADO. En el primero todas las líneas comienzan en el margen izquierdo; en el segundo se dejan —regularmente— cinco espacios al comenzar cada párrafo. Existe, también, el estilo llamado MIXTO, donde los estilos BLOQUE y SANGRADO se mezclan. Existe, además, sin duda, otro estilo que nosotros llamamos INVERSO, donde el destinatario y la dirección aparecen al final de la carta.

Los esquemas ilustrativos que aparecen a continuación ilustran, de manera objetiva, cada caso:

**ESTILO BLOQUE**

**ESTILO SANGRADO**

**ESTILO MIXTO**

**ESTILO INVERSO**

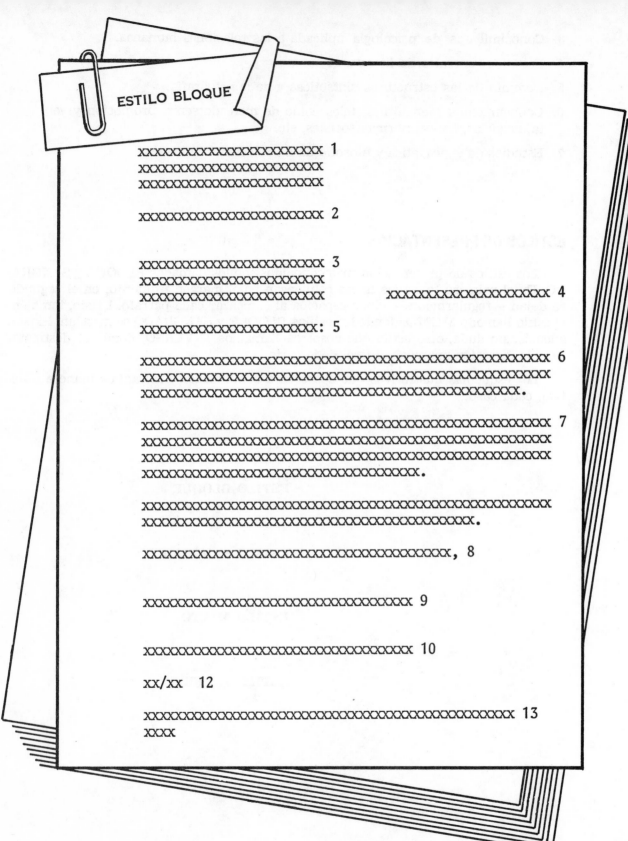

ESTILO BLOQUE

xxxxxxxxxxxxxxxxxxxxxxxxx 1
xxxxxxxxxxxxxxxxxxxxxxx
xxxxxxxxxxxxxxxxxxxxxxx

xxxxxxxxxxxxxxxxxxxxxxx 2

xxxxxxxxxxxxxxxxxxxxxxx 3
xxxxxxxxxxxxxxxxxxxxxxx
xxxxxxxxxxxxxxxxxxxxxx                    xxxxxxxxxxxxxxxxxx 4

xxxxxxxxxxxxxxxxxxxxxxx: 5

xxxxxxxxxxxxxxxxxxxxxxxxxxxxxxxxxxxxxxxxxxx 6
xxxxxxxxxxxxxxxxxxxxxxxxxxxxxxxxxxxxxxxxxx
xxxxxxxxxxxxxxxxxxxxxxxxxxxxxxxxxxxxxx.

xxxxxxxxxxxxxxxxxxxxxxxxxxxxxxxxxxxxxxxxxxx 7
xxxxxxxxxxxxxxxxxxxxxxxxxxxxxxxxxxxxxxxxxx
xxxxxxxxxxxxxxxxxxxxxxxxxxxxxxxxxxxxxxxxxx
xxxxxxxxxxxxxxxxxxxxxxxxxxxxxxxxx.

xxxxxxxxxxxxxxxxxxxxxxxxxxxxxxxxxxxxxxxxxx
xxxxxxxxxxxxxxxxxxxxxxxxxxxxxxxxxxxxx.

xxxxxxxxxxxxxxxxxxxxxxxxxxxxxxxxxxx, 8

xxxxxxxxxxxxxxxxxxxxxxxxxxxxxxxx 9

xxxxxxxxxxxxxxxxxxxxxxxxxxxxxxxx 10

xx/xx   12

xxxxxxxxxxxxxxxxxxxxxxxxxxxxxxxxxxxxxxxxxxxxx 13
xxxx

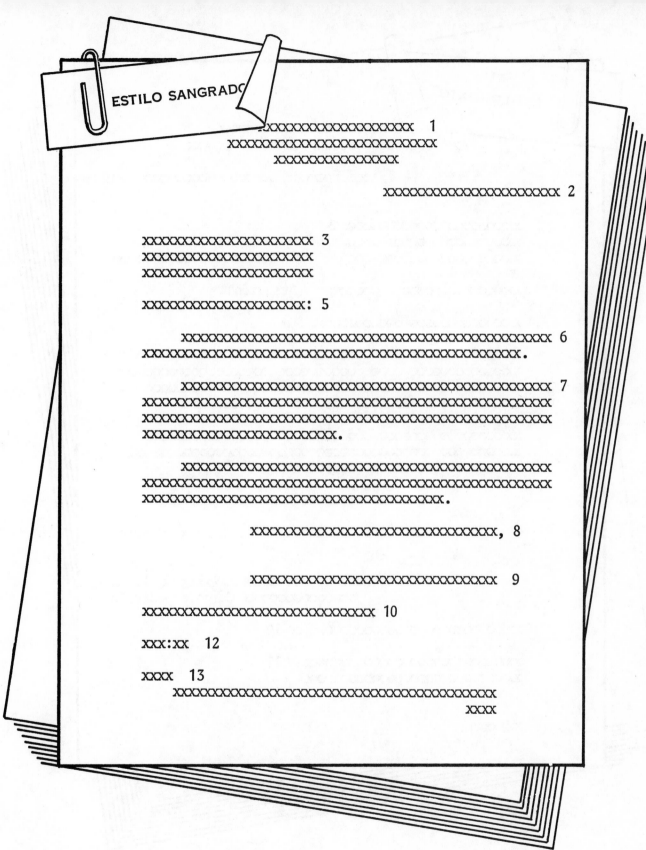

ESTILO SANGRADO

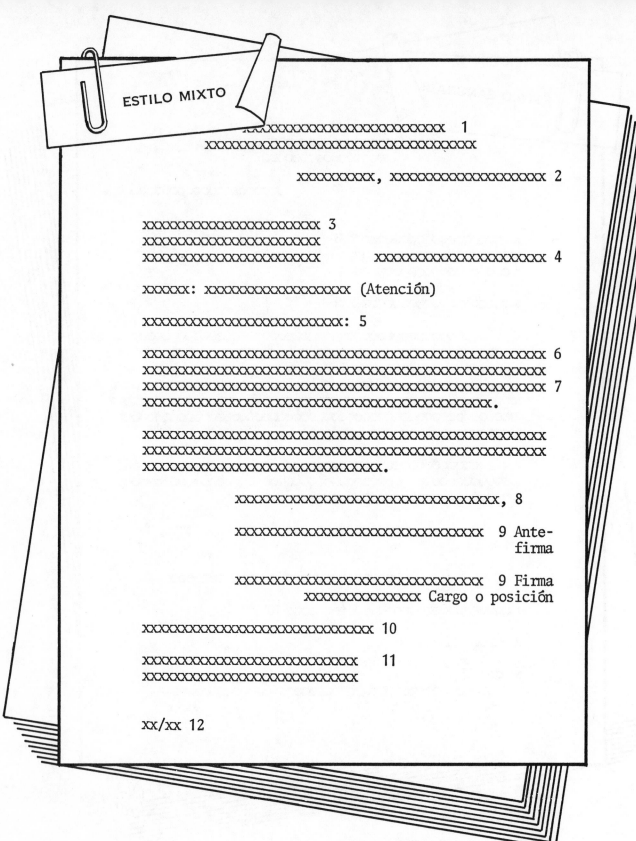

ESTILO MIXTO

xxxxxxxxxxxxxxxxxxxxxxxxxxx 1
xxxxxxxxxxxxxxxxxxxxxxxxxxxxxxxxx

xxxxxxxxxx, xxxxxxxxxxxxxxxxxxxx 2

xxxxxxxxxxxxxxxxxxxxx 3
xxxxxxxxxxxxxxxxxxxxx
xxxxxxxxxxxxxxxxxxxxx          xxxxxxxxxxxxxxxxxxxxx 4

xxxxxx: xxxxxxxxxxxxxxxxxx (Atención)

xxxxxxxxxxxxxxxxxxxxxxx: 5

xxxxxxxxxxxxxxxxxxxxxxxxxxxxxxxxxxxxxxxx 6
xxxxxxxxxxxxxxxxxxxxxxxxxxxxxxxxxxxxxxxx
xxxxxxxxxxxxxxxxxxxxxxxxxxxxxxxxxxxxxxxx 7
xxxxxxxxxxxxxxxxxxxxxxxxxxxxxxxxxxx.

xxxxxxxxxxxxxxxxxxxxxxxxxxxxxxxxxxxxxxxx
xxxxxxxxxxxxxxxxxxxxxxxxxxxxxxxxxxxxxxxx
xxxxxxxxxxxxxxxxxxxxxxxxxxxx.

xxxxxxxxxxxxxxxxxxxxxxxxxxxxxxx, 8

xxxxxxxxxxxxxxxxxxxxxxxxxxxx 9 Ante-
                                          firma

xxxxxxxxxxxxxxxxxxxxxxxxxxxx 9 Firma
xxxxxxxxxxxxxxx Cargo o posición

xxxxxxxxxxxxxxxxxxxxxxxxxxxxxx 10

xxxxxxxxxxxxxxxxxxxxxxxxxxxx 11
xxxxxxxxxxxxxxxxxxxxxxxx

xx/xx 12

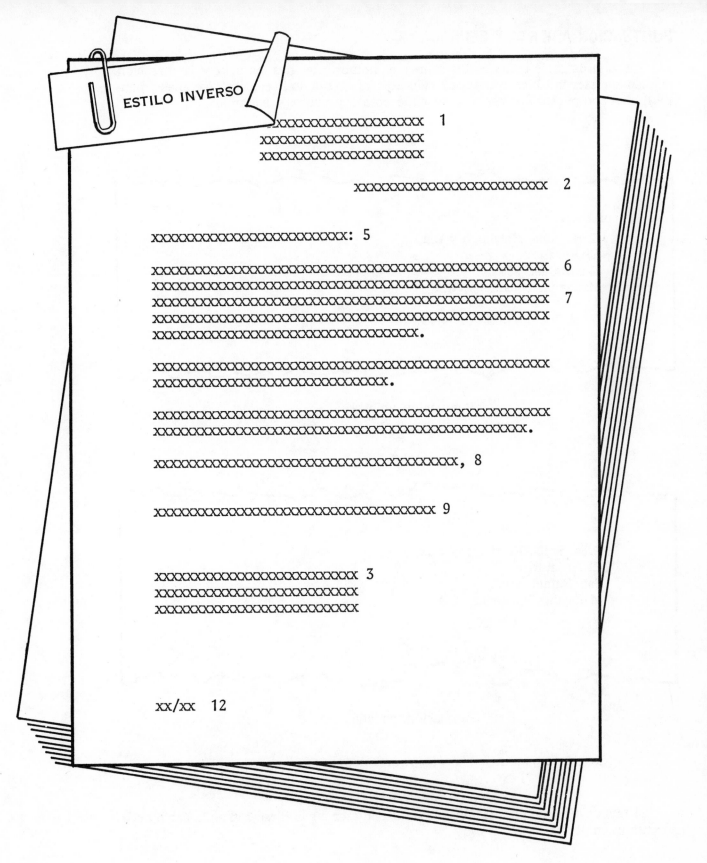

ESTILO INVERSO

xxxxxxxxxxxxxxxxxxxxxx 1
xxxxxxxxxxxxxxxxxxxx
xxxxxxxxxxxxxxxxxxxx

xxxxxxxxxxxxxxxxxxxxxxxx 2

xxxxxxxxxxxxxxxxxxxxxxxxxx: 5

xxxxxxxxxxxxxxxxxxxxxxxxxxxxxxxxxxx 6
xxxxxxxxxxxxxxxxxxxxxxxxxxxxxxxxxxxx
xxxxxxxxxxxxxxxxxxxxxxxxxxxxxxxxxxxxx 7
xxxxxxxxxxxxxxxxxxxxxxxxxxxxxxxxxxxx
xxxxxxxxxxxxxxxxxxxxxxxxxxxx.

xxxxxxxxxxxxxxxxxxxxxxxxxxxxxxxxxxx
xxxxxxxxxxxxxxxxxxxxxxxxxxxxxx.

xxxxxxxxxxxxxxxxxxxxxxxxxxxxxxxxxxxx
xxxxxxxxxxxxxxxxxxxxxxxxxxxxxxxxx.

xxxxxxxxxxxxxxxxxxxxxxxxxxxxxxxx, 8

xxxxxxxxxxxxxxxxxxxxxxxxxxxxxxx 9

xxxxxxxxxxxxxxxxxxxxxxxxx 3
xxxxxxxxxxxxxxxxxxxxx
xxxxxxxxxxxxxxxxxxxxx

xx/xx  12

# PUNTUACIÓN ABIERTA Y CERRADA

Tanto en la carta como en los sobres, el nombre del destinatario y la dirección pueden ser escritas, bien con puntuación abierta, (o sea no hacer uso de comas y puntos), bien con puntuación cerrada, (usando comas y puntos). Ejemplos:

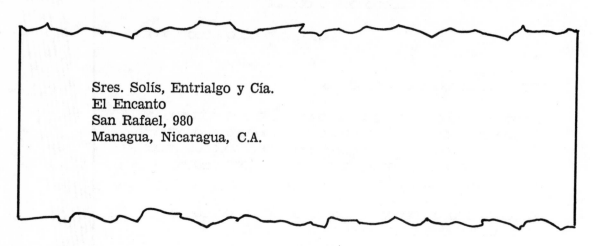

Sres. Solís, Entrialgo y Cía.
El Encanto
San Rafael, 980
Managua, Nicaragua, C.A.

Puntuación abierta

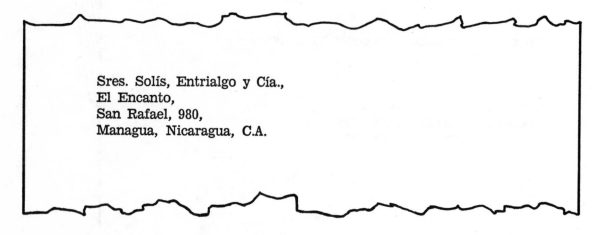

Sres. Solís, Entrialgo y Cía.,
El Encanto,
San Rafael, 980,
Managua, Nicaragua, C.A.

Puntuación cerrada

El mismo tipo de puntuación que se use al escribir la dirección en la carta debe ser usado en el sobre.

## ATENCIÓN

En algunas cartas comerciales se usa la palabra "Atención": referida a una persona determinada. Ejemplo:

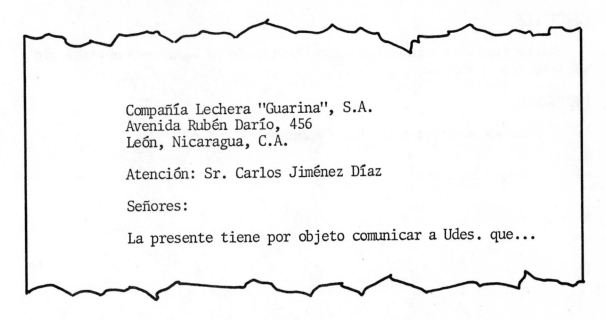

Compañía Lechera "Guarina", S.A.
Avenida Rubén Darío, 456
León, Nicaragua, C.A.

Atención: Sr. Carlos Jiménez Díaz

Señores:

La presente tiene por objeto comunicar a Udes. que...

La línea de "Atención:" no afecta ni modifica en nada la forma del saludo. La carta —en este ejemplo— está dirigida a una Sociedad Anónima y el saludo que se utiliza es el apropiado a tal tipo de entidad comercial.

La línea de "Atención:" se coloca debajo de la dirección, al margen izquierdo, a dos espacios de la misma.

## CLASIFICACIÓN GENERAL

Las cartas pueden ser clasificadas en la forma siguiente:

1. Comerciales o Mercantiles.

2. Sociales.

3. Oficiales.

4. Privadas.

## COMERCIALES O MERCANTILES

Son las que se refieren a las transacciones comerciales, a los negocios, propagandas, compras, ventas, embarques, etc.

## SOCIALES

Son cartas de cortesía, de invitación, de felicitación, de pésame, etc.

## OFICIALES

Son las que tienen relación con asuntos propios de los organismos estatales, provinciales, municipales, etc.

## PRIVADAS

Son las que se dirigen a familiares o amigos.

Alumno:...................................................................................Fecha:...........................................................

1.—¿Cuáles son las principales partes de una carta comercial? Escriba en español e inglés.

2.—Redacte un membrete donde se identifique el nombre de quien escribe la carta:

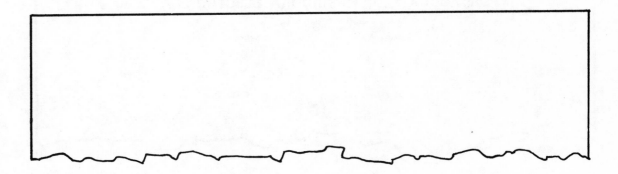

3.—Redacte un membrete donde se identifique la institución por la cual se está escribiendo:

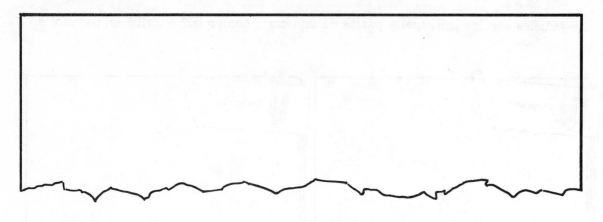

4.—En el siguiente membrete ¿cómo escribiría correctamente la fecha?

BANCO AGRICOLA E INDUSTRIAL

Puerto Rico

5.—En el siguiente membrete ¿cómo escribiría correctamente la fecha?

IMPORTADORA Y DISTRIBUIDORA ELECTRONICA, S. A.

Casilla Postal, 444

Buenos Aires                    Argentina

Capítulo II                                         Ejercicio Núm..................

Alumno:.......................................................................................................Fecha:.............................................................

**6.—Escriba** dos ejemplos diferentes de dirección interior de una carta:

**7.—Escriba** las cinco formas de saludo que considere más propias para la correspondencia comercial:

**8.—Escriba** debajo de cada dirección el saludo correcto que procede:

Sr. Presidente de la República de Ecuador
Palacio Presidencial
Quito, Ecuador

————————————————————— :

Sr. Embajador de España en Honduras
Embajada de España
Cuesta La Leona, 799
Tegucigalpa, Honduras, C.A.

————————————————————— :

S.E. Manuel Arteaga Betancourt
Cardenal Primado de Uruguay
Palacio Cardenalicio
Montevideo, Uruguay

_____ :


Monseñor Angel Tudurí Perera
Iglesia Catedral de Santa Clara de Asís
San Francisco, California

_____ :


Sr. Rector de la Universidad de San Marcos
Lima, Perú.

_____ :


9.—Escriba tres introducciones a cartas comerciales:


A)



B)



C)

Capítulo II

Ejercicio Núm..................

Alumno:.................................................................................Fecha:..............................................

10.—Escriba, a continuación, comenzando con una de las introducciones expresadas en el número 9, un texto cualquiera de carta comercial:

11.—Escriba un texto cualquiera (es decir, sobre cualquier asunto) de una carta familiar.

12.—¿Para qué usamos la despedida (complimentary close) en una carta:

Capítulo II                                         Ejercicio Núm.................

Alumno:........................................................................Fecha:..................................................

13.—Señale, con una X, en la columna que corresponda, en que tipo de carta emplearía Ud. esas despedidas:

|  | COMERCIAL | FAMILIAR | OFICIAL |
|---|---|---|---|
| Muy atentamente, |  |  |  |
| Sinceramente, |  |  |  |
| Cordialmente, |  |  |  |
| Es su amigo, |  |  |  |
| Esperando su pronta respuesta, soy de Ud. muy atentamente, |  |  |  |
| Aprovechamos la oportunidad para repetirnos muy atentamente, |  |  |  |
| Te aprecia muy de veras, |  |  |  |
| Saluda a Ud. con especial consideración, |  |  |  |
| En espera de sus noticias, quedamos muy atentamente, |  |  |  |
| Respetuosamente, |  |  |  |
| Esperando oir de Ud., quedamos muy atentamente, |  |  |  |
| Soy de Ud. con todo respeto y consideración, |  |  |  |
| Reciba V.E. el testimonio de mi más alta y distinguida consideración, |  |  |  |

14.—¿Cuándo se usa la ante-firma?  Ponga un ejemplo:

15.—¿A qué se refieren los anexos o adjuntos en una carta?

16.—Formas de escribir la dirección del remitente cuando no aparece en el membrete:

A)

B)

17.—¿Para qué se escriben las iniciales del firmante y del mecanógrafo al final de la carta? Escriba dos ejemplos que den a conocer la forma empleada en el sistema latino y la empleada en el sistema norteamericano.

18.—¿Para qué se usa la postdata o posdata (P.D.)?

19.—Si una carta comercial tiene más de una página ¿cómo debemos comenzar las páginas siguientes? Señale las dos formas más recomendables:

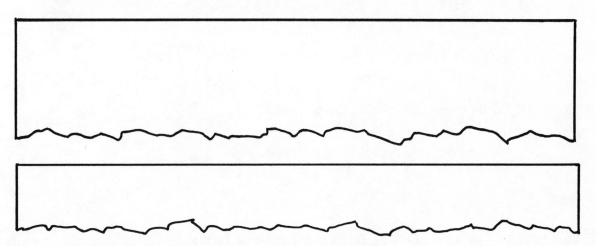

20.—¿Por qué las cartas deben escribirse en forma atractiva?

21.—¿Qué refleja una carta en relación con quien la escribe?

22.—¿A qué llamamos párrafo?

23.—¿Por qué, en las cartas comerciales, los párrafos deben ser cortos?

24.—¿Cómo ha de ser **el fondo** de una carta?

25.—¿Qué ha de poner de manifiesto **la forma?**

26.—¿Cuáles son los elementos fundamentales de **la forma?**

27.—¿Qué se recomienda a los principiantes para escribir buenas cartas?

28.—¿En qué consiste el estilo Bloque?

29.—¿En qué consiste el estilo Sangrado?

30.—¿En qué consiste el estilo Mixto?

31.—¿En qué consiste el estilo Inverso?

32.—Haga un esquema ilustrativo, en el estilo Bloque, donde aparezcan todos los elementos de una carta comercial:

Alumno:..................................................................................Fecha:...................................................

33.—Haga un esquema ilustrativo, en el estilo Sangrado, donde aparezcan todos los elementos de una carta social:

34.—¿A qué llamamos, en una carta, puntuación abierta? Poner un ejemplo.

35.—¿A qué llamamos, en una carta, puntuación cerrada? Poner un ejemplo.

36.—Dé una clasificación general de las cartas:

37.—Use el diccionario y escriba, brevemente, el significado de los vocablos siguientes:

A) Lógica:

B) Psicología

Ejercicio Núm................

Alumno:.............................................................................................Fecha:.................................................

C) Ética

D) Estética

E) Ortografía

F) Sintaxis

G) Filosofía

H) Inducción

I) Deducción

J) Silogismo

K) Análisis

L) Síntesis

M) Coherencia

N) Incoherencia

Ñ) Énfasis

**Materiales a utilizar: papeles, sobres, tarjetas, tintas. Diversas clases y estilos. Uso correcto de cada uno. Grabados ilustrativos.**

## EL PAPEL

El papel es el material indispensable para la confección de cartas. En la correspondencia comercial se recomienda el papel blanco. No obstante, algunas empresas utilizan papel de color, por lo general en tonos pálidos.

En el comercio hay diversidad de clases de papel. Este se clasifica por su peso: 16, 20, 40 ... libras.

Hay el llamado "papel de copia" o "papel cebolla" o "papel de seda" que es de grosor muy fino, y se utiliza, generalmente, con el papel "carbón" para obtener copias. Hay también un papel sumamente delgado, liso o corrugado, de bajo peso, que se fabrica especialmente para la correspondencia aérea.

Las dimensiones del papel, para la correspondencia, varían. Así es fácil encontrar de las medidas siguientes:

$8 \times 10\frac{1}{2}$ pulgadas

$8\frac{1}{4} \times 11\frac{3}{4}$ pulgadas

$8\frac{1}{2} \times 11$ pulgadas

$8\frac{1}{2} \times 14$ pulgadas

$8 \times 10\frac{1}{2}$ pulgadas o en el sistema métrico decimal, aproximadamente 203 milímetros $\times$ 266 milímetros.

$8\frac{1}{4} \times 11\frac{3}{4}$ pulgadas o, aproximadamente, $210 \times 297$ mm.

$8\frac{1}{2} \times 11$ pulgadas o, aproximadamente, $215 \times 278$ mm.

$8\frac{1}{2} \times 14$ pulgadas o, aproximadamente, $215 \times 353$ mm.

El que más se usa y recomienda es el de $8\frac{1}{2} \times 11$ pulgadas o, aproximadamente 215 $\times$ 278 mm. Véase el grabado:

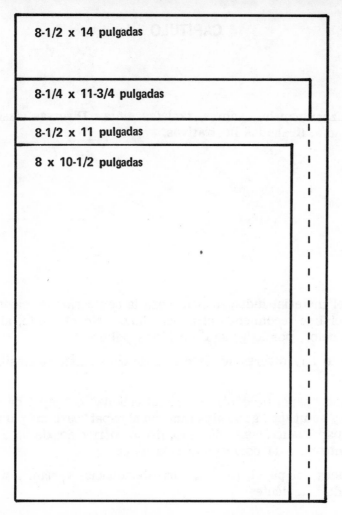

| | |
|---|---|
| 8-1/2 x 14 pulgadas | |
| 8-1/4 x 11-3/4 pulgadas | |
| 8-1/2 x 11 pulgadas | |
| 8 x 10-1/2 pulgadas | |

Para el memorando, el recibo, la factura, la letra de cambio, el cheque, etc., se usan distintas medidas, siempre mucho más pequeñas que las citadas en el esquema anterior. Esas medidas varían mucho en los distintos países y empresas, sobre todo en Hispanoamérica, razón por lo que no creemos necesario poner ejemplos. Todo ese material es fácil de adquirir en el comercio.

## LOS SOBRES

Los sobres que se utilicen para la correspondencia comercial han de ser de la misma calidad del papel con que ha sido escrita la carta.

Para la hoja de 8½ pulgadas × 11 pulgadas, pueden emplearse

A) El sobre apaisado de 9¼ × 4⅛ pulgadas;

B) El sobre apaisado de 6½ × 3½ pulgadas.

El más recomendable es el de 9½ × 4⅛ pulgadas y es, además, el más usado. No obstante, hay en el mercado sobres de varios tamaños y formas: cuadrados, semi-cuadrados, sobres con ventana (para utilizar la misma dirección que se ha escrito en la carta), etc. Véanse los diseños:

**ROYAL BANK OF SPAIN**
444 PONCE DE LEON AVE.
SAN JUAN, PUERTO RICO 00903

Sr. Miguel H. Santos
Calle San Javier, 25
Santurce, P.R.

**CAFÉ ESTRELLA**
Ave. San Martí, 12
Santo Domingo, R.D.

La Quisqueyana
N. de Ovando, 44
Santo Domingo, R.D.

**FUNDACION EDUCACIONAL LATINOAMERICANA**

2464 Confederate Drive
Wilmington, N. C. 28401 U.S.A.

PAR AVION
VIA AIR MAIL
CORREO AEREO

*DR. MIGUEL OLMEDO*
*Médico Cirujano*
*Vía España, 222*
*Panamá*

Sr. Mario de Diego
Carrasquilla, 1010
Panamá.

**CONTADURIA PUBLICA**
Fernández Martín & Asociados
Ave. Díaz-Moreno, 234-9
Valencia, Carabobo, Venezuela

Sres. Navas, Pérez y Cía.
Ave. F. Miranda, 567
Caracas

```
—————————
—————————
—————————
```

# BUSINESS REPLY MAIL
NO POSTAGE STAMP NEEDED IF MAILED IN THE UNITED STATES

POSTAGE WILL BE PAID BY:

**The University of Chicago Press**

Journals Department

11030 South Langley Avenue

Chicago, Illinois 60672

---

## BUSINESS REPLY MAIL
NO POSTAGE STAMP NECESSARY IF MAILED IN THE UNITED STATES

*Postage Will Be Paid By —*

*American Association*
*of*
*University Professors*

**One Dupont Circle, Suite 500**

**Washington, D. C. 20036**

ATTENTION: MEMBERSHIP DEPARTMENT

---

El sobre de 9½ × 4⅛ pulgadas ó 24 × 10½ centímetros, se le llama en algunos lugares "sobre de oficio" o "tipo norteamericano."

Para la correspondencia aérea los sobres llevan una orla de colores, generalmente rojo, blanco y azul. (En México la combinación es verde y rojo).

# LAS TARJETAS POSTALES

Las tarjetas postales son de cartulina y tienen, por lo regular, 5½ × 3½ pulgadas. En la cara anterior se escribe el nombre y dirección del destinatario, así como el nombre y dirección del remitente. En la cara posterior se escribe el mensaje. Este mensaje debe ser, siempre, breve.

EL PALACIO DE CRISTAL
Rodríguez, Herrera y Cía.
Cuesta La Leona, 75
Tegucigalpa, Honduras, C.A.

Dr. Jorge F. Mendoza
Rubén Darío, 1235
Managua, Nicaragua, C.A.

**Cara anterior:**

Tegucigalpa, 8 de septiembre de 19__

Estimado Doctor Mendoza:

De acuerdo con su solicitud, estamos remitiéndole por correo aéreo el catálogo ilustrado de las vajillas de porcelana en existencia, importadas de Inglaterra.

Esperamos que allí encuentre Ud. un modelo que satisfaga, a plenitud, sus deseos.

En la mejor disposición de servirlo, quedamos a sus órdenes, muy atentamente,

El Palacio de Cristal

Miguel Angel González
Gerente

**Cara posterior:**

## DOBLADO DE LA CARTA

El doblado de una carta está en relación directa con el tamaño de sobre que se use. Lo que importa es que el lector pueda desdoblar la carta con facilidad y rapidez. Orientaciones a base de papel 8½ × 11.

Para el sobre grande, procederemos en esta forma:

1. Doblar el papel en tres partes iguales (véanse los núms. 1-2)

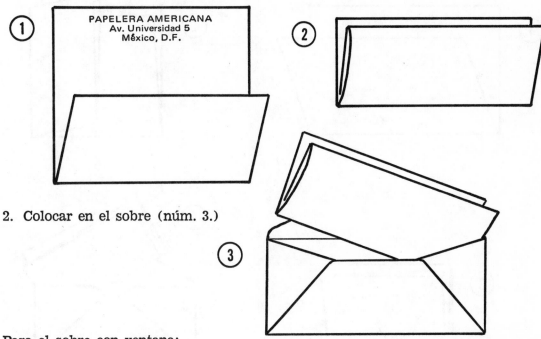

2. Colocar en el sobre (núm. 3.)

Para el sobre con ventana:

1. Doblar el papel en tres partes en forma tal que la dirección de la carta corresponda al lugar donde tiene el sobre la ventana (véase el diseño núm. 1)

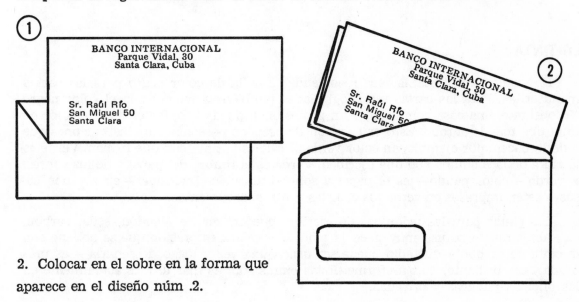

2. Colocar en el sobre en la forma que aparece en el diseño núm .2.

Para el sobre pequeño es recomendable esta técnica:

1. Doblar el papel a la mitad (véase núm. 1)

2. Doblar a continuación esta mitad en tres partes iguales (núms. 2-3)

3. Colocar en el sobre (núm. 4)

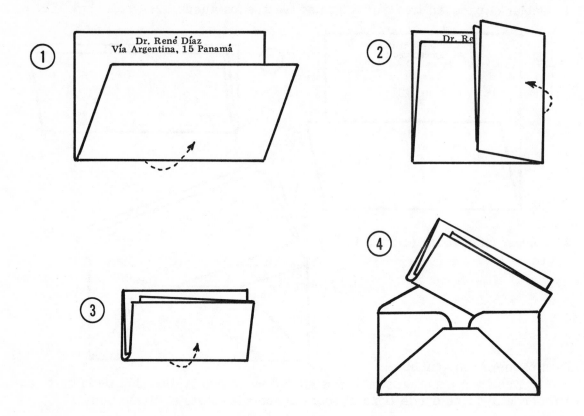

## LA TINTA

En cuanto a la tinta, la más recomendable es la de color negro para las cartas manuscritas. Para las cartas mecanografiadas también se recomienda el color negro No obstante, una casa comercial, o un profesional, puede adoptar el tipo de color de tinta que más le agrade. Esto es cuestión de decisión personal. Hay instituciones que todo lo hacen, por ejemplo, en color verde. Verde es la tinta con que firman. Verde es la cinta de la máquina con que escriben. Verde es el timbre del papel y de los sobres. Y verde —color pálido— es el papel y sobre utilizados. Inclusive —en algunos casos— están impresos en verde los cheques y otros documentos.

Las cintas para las máquinas de escribir pueden ser de algodón, seda, carbón, etc. Actualmente se usa muy poco la cinta bicolor. La impresión que se obtiene con la cinta de carbón —que sólo puede ser usada una vez y luego desecharla— es más nítida, más brillante, más uniforme. Estas cintas son las más usadas actualmente en las oficinas públicas y privadas.

Alumno:.................................................................................Fecha:....................................

1.—¿Qué papel se recomienda para la correspondencia comercial?

2.—Diversas clases de papel y su clasificación por el peso:

3.—Distintas dimensiones del papel para la correspondencia, usando pulgadas y su equivalente en el sistema métrico decimal:

4.—Cuál es el tamaño de papel más recomendado para la correspondencia comercial:

5.—¿Cómo han de ser los sobres que se utilicen para la correspondencia comercial?

6.—¿Cuál es el tamaño más recomendado para la correspondencia comercial?

7.—¿Con qué propósito se utilizan los sobres con ventana?

8.—¿Para qué se usa la cara anterior de la tarjeta postal?

9.—¿Para qué se usa la cara posterior?


10.—¿Cuál es la técnica recomendada para doblar el papel 8½ × 11 y para colocarlo en un sobre pequeño?


11.—¿Cuál es la técnica recomendada para doblar el papel 8½ × 11 y para colocarlo en un sobre grande?


12.—¿Cuál es el color de tinta más recomendable para las cartas manuscritas?


13.—¿Cuál es el color más recomendado para las cartas mecanografiadas?


14.—Describa las distintas clases o calidades de las cintas para las máquinas de escribir:


15.—¿Cuál es el tipo de cinta que produce la impresión más nítida?

# CAPITULO IV

**La oficina moderna. Equipos mecánicos y eléctricos. Descripción y grabados.**

## LA OFICINA MODERNA

En vivo contraste con la oficina antigua, la oficina moderna aparece instalada en lugar confortable y equipada con todos los elementos insdispensables para la realización, más efectiva y cómoda, de las funciones que a ella corresponden.

La oficina moderna es, esencialmente, activa y funcional. Además, es un lugar agradable tanto por su presentación como por la decoración.

## EQUIPOS MECÁNICOS Y ELÉCTRICOS

Generalmente están equipadas con:

1. Aire acondicionado y calefacción.
2. Mobiliario moderno adecuado a sus funciones.
3. Máquinas de escribir eléctricas o mecánicas. Máquinas de calcular.
4. Teléfonos automáticos.
5. Decoración sobria, sencilla, moderna.
6. Iluminación directa e indirecta.
7. Piso alfombrado o de mosaicos, cortinas, etc.
8. Equipos para archivar y controlar los documentos.
9. Máquinas eléctricas duplicadoras para la impresión de cartas circulares, etc.

## DESCRIPCIÓN Y GRABADOS

Entre los equipos mecánicos y eléctricos, de gran uso en las oficinas, podemos añadir:

**A. Máquinas para fotocopias.**

La fotocopia es una fotografía especial obtenida directamente sobre el papel y empleada para reproducir textos manuscritos o impresos.

En las oficinas modernas estas máquinas son utilizadas casi continuamente. En primer lugar constituyen un gran ahorro de tiempo, por cuanto evita el trabajo de transcribir literalmente cualquier documento. Además, la copia que se obtiene es exactamente igual al original, incluyendo firmas, gomígrafos, correcciones que aparezcan en el original, membrete, etc.

Estas fotocopias contribuyen a la mejor y más completa organización de los archivos, por cuanto se pueden conservar copias exactas de los originales.

De estas máquinas existen variedad de modelos. Algunas son pequeñas, manuables; otras son grandes y pesadas. Por lo regular estas últimas tienen una finalidad comercial y ofrecen al público, un servicio de inestimable valor.

## B. Mimeógrafos.

Son máquinas, mecánicas o eléctricas, que se utilizan para imprimir cartas, circulares, avisos, folletos, etc.

Están basadas, principalmente, en la impresión previa en una hoja especial encerada llamada "stencil" o estarcido.

Este se coloca en la máquina de escribir —lo mismo mecánica que eléctrica— como una hoja de papel. Sobre él se escribe directamente, cuidando sólo de apretar el botón o tecla que en la máquina, dice "stencil", lo cual impide que la cinta de la máquina actue. Sobre este "stencil" también se pueden hacer diseños, dibujos, etc., utilizando al efecto, un punzón o estilo.

Hay muchas clases, marcas, de mimeógrafos. Los hay sencillos, manuales, mecánicos, y los hay eléctricos de distintos tipos.

Casi todas las oficinas modernas disponen de un mimeógrafo, pues su uso es múltiple. Además, el mimeógrafo representa una gran economía, por cuanto el trabajo impreso se hace en la propia oficina. Generalmente, las cartas-circulares, los avisos, las listas de precios, etc., se hacen mimeografiados.

Este es el mimeógrafo A.B. DICK modelo número 411. Es un mimeógrafo muy económico, de gran utilidad en toda oficina. No es eléctrico pero permite una rápida producción de copias. Pesa 36 libras. Sus dimensiones son 30″ de largo por 18½″ de ancho, con 14½″ de altura. El cilindro donde se coloca la tinta es cerrado. El entintado se produce automáticamente. Esto contribuye a dar uniformidad, en cuanto a la tinta, en todas las copias. En el presente diseño, además del mimeógrafo, pueden verse ejemplos de diferentes tipos de trabajos realizados en el mismo.

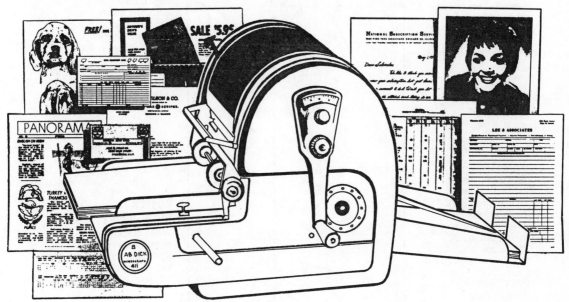

A.B. Dick Corporation

Esta es una hoja de estarcido donde se pueden apreciar las líneas guias y números, que le ayudarán a colocar el texto en una atractiva y correcta posición.

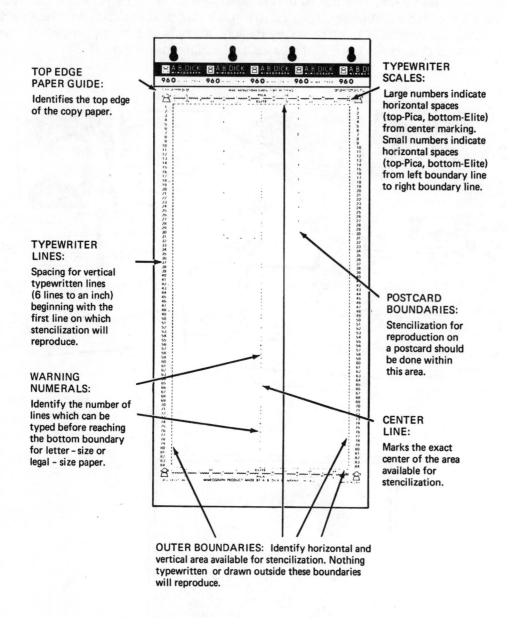

**TOP EDGE PAPER GUIDE:**
Identifies the top edge of the copy paper.

**TYPEWRITER SCALES:**
Large numbers indicate horizontal spaces (top-Pica, bottom-Elite) from center marking. Small numbers indicate horizontal spaces (top-Pica, bottom-Elite) from left boundary line to right boundary line.

**TYPEWRITER LINES:**
Spacing for vertical typewritten lines (6 lines to an inch) beginning with the first line on which stencilization will reproduce.

**POSTCARD BOUNDARIES:**
Stencilization for reproduction on a postcard should be done within this area.

**WARNING NUMERALS:**
Identify the number of lines which can be typed before reaching the bottom boundary for letter – size or legal – size paper.

**CENTER LINE:**
Marks the exact center of the area available for stencilization.

**OUTER BOUNDARIES:** Identify horizontal and vertical area available for stencilization. Nothing typewritten or drawn outside these boundaries will reproduce.

## STENCIL SHEET MARKINGS

En el estarcido se puede, como hemos dicho, dibujar letras, figuras, etc. usando el estilo o punzón especial:

### C. Máquinas eléctricas para impresión "offset".

Actualmente muchas oficinas están equipadas con máquinas para impresión más nítida y uniforme que la obtenida en los mimeógrafos.

El "stencil" es aquí sustituído por el "paper master".

Para conseguir una mejor impresión se recomienda usar en la máquina de escribir, las cintas especiales para "offset", las cuales pueden ser usadas, también, en cualquier clase de papel para trabajos mecanografiados.

Existen en el mercado lápices, plumas especiales, para la escritura manuscrita, dibujos, etc. sobre los "masters".

A continuación podemos ver los Modelos 324 y 326 de la casa A.B. DICK para impresión "offset" en oficinas:

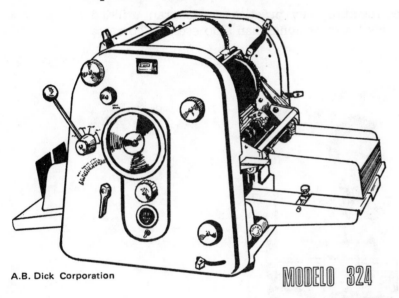

A.B. Dick Corporation

MODELO 324

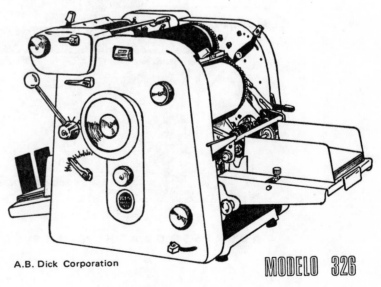

A.B. Dick Corporation

MODELO 326

## D. Los "addressograph" o máquina de poner direcciones.

En las oficinas comerciales, oficinas publicitarias, instituciones educacionales, benéficas, etc., donde es necesario enviar periódicamente, cartas, recibos, anuncios, informes, etc., se usan máquinas para escribir rápidamente, las direcciones en los sobres.

Estas direcciones están escritas previamente, en planchas de metal o de material plástico llamadas matrices. Estas matrices se almacenan en gaveteros especiales, por orden alfabético de apellidos. De esta manera se puede verificar cómodamente, la impresión de los sobres.

"Addressograph" es una marca registrada de esta clase de máquina pero hay en el mercado otras clases y tipos fabricados por diferentes compañías dedicadas a esta especialidad.

Las máquinas de poner direcciones resultan muy prácticas y de gran utilidad. Tienen la ventaja de garantizar que todas las direcciones han sido escritas correctamente.

Veamos un modelo.

ADDRESSOGRAPH® CLASS 5000

Addressograph-Multigraph
Corporation

### E. Máquinas para el franqueo de la correspondencia.

Estas máquinas, también llamadas "metros", para el franqueo o sellaje de la correspondencia, son utilizadas, generalmente, por los bancos, industrias, comercios, instituciones educacionales, etc., que tienen un movimiento grande de correspondencia.

Estas máquinas vienen a suplir el "sello de correos", que reclama ser pegado en el sobre. En consecuencia, estas máquinas vienen a eliminar ese proceso, necesariamente lento, de poner el franqueo a cada carta.

Todas estas máquinas constan de dos partes: una que puede ser adquirida en propiedad de la casa que las fabrica, y otra —que es el complemento de la máquina— que tiene que ser alquilada en una Oficina de Correos Oficial, por cuanto en la Oficina de Correos es preparada y sellada oficialmente esta parte de acuerdo con la cantidad de dinero que el banco, industria, etc., desee invertir para franqueos. Por ejemplo: $100.00 dólares; $300.00 dólares; 500.00 Lempiras; 1,000.00 Bolívares, etc., según el país de que se trate.

Al pasar el sobre por estas máquinas queda impreso el valor del franqueo de la carta y, a la vez, —como en el correo oficial— el sello redondo que dice el nombre del pueblo, del estado, el día de la fecha, etc.

Cuando se agota la cantidad por la que ha sido sellada la máquina que se alquila en Correos, se lleva a la Oficina para ser preparada nuevamente con la cantidad que el cliente desee de acuerdo con sus necesidades. Cada uno de estos "metros" tiene su número y por estos números es muy fácil identificar la correspondencia (de que entidad procede) en las oficinas postales. Y en estas oficinas —conjuntamente con el tenedor de la máquina —se lleva un registro donde se anotan las cantidades invertidas en franqueos.

Las máquinas más modernas (la parte que puede ser comprada) están preparadas para que al pasar el sobre con la carta no sólo deje impreso el sello de franqueo sino que automáticamente salga cerrado.

Veamos, a continuación, un diseño de una máquina moderna de franqueo

Pitney Bowes

## F. Máquinas de escribir. Distintas clases y marcas.

IBM Corporation

Royal McBee Corporation

IBM Corporation

Remington Rand

## G. Tipos de letras.

Actualmente se fabrican variados tipos de letras para las máquinas de escribir. Los tipos "élite" y "pica" son, generalmente, los más empleados. No obstante, hay gran cantidad de oficinas que han adoptado otros tipos que, por imitar a los caracteres de imprenta, producen una impresión más agradable en el texto escrito. Estos tipos o caracteres vienen en distintas medidas o tamaños. Muchos son interpretaciones de los tipos clásicos: Bodoni, Romano, Elzevir, etc. Otros están basados en alfabetos modernos, creaciones o estilizaciones realizadas por consagrados artistas.

Hasta hace poco tiempo la máquina de escribir venía con su propio teclado, es decir, teclado tipo "élite", por ejemplo, tipo "pica", tipo "cursiva", etc. Pero actualmente existen máquinas eléctricas que permiten, con gran facilidad en un minuto, cambiar el tipo de letra. Al efecto, todas las letras están concentradas en un elemento movible. Cada "elemento" tiene un determinado tipo de letra o estilo de letra. Por ejemplo la IBM "Selectric" (marca registrada) permite usar —en la misma máquina— todos estos "elementos", fabricados por la propia IBM, que ofrecen variedad de estilos para la escritura a máquina. Así resulta fácil seleccionar el mejor estilo de letra a las necesidades de cada trabajo.

Veamos a continuación una IBM "Selectric" II donde puede verse fácilmente —en el centro de la máquina— el "elemento movible" que permite, a la misma máquina de escribir, producir diez, doce, quince, o más tipos de escritura diferentes:

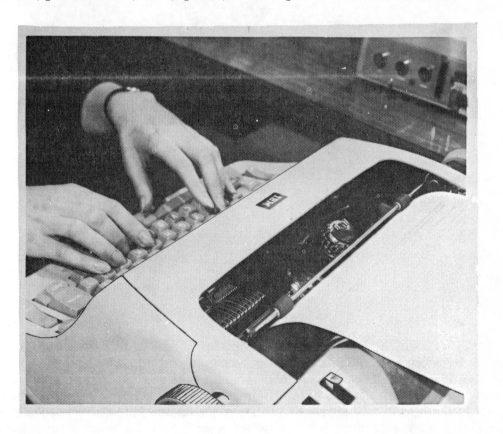

IBM Corporation

Para una mejor idea de cómo están hechos estos "elementos movibles" veamos algunos ejemplos:

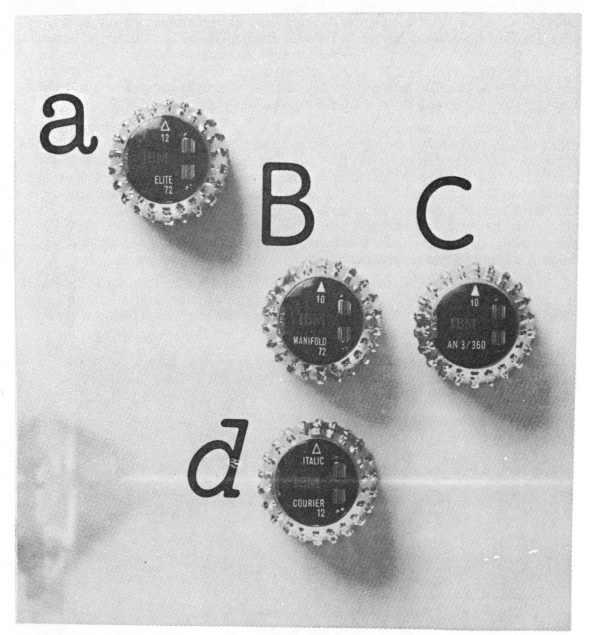

Observemos que estos "elementos" están clasificados con los números 10 ó 12. Estos números están escritos debajo de un triángulo pequeño dibujado en la parte superior del "elemento". Un triángulo compacto en blanco es usado para el número 10; un triángulo en líneas blancas, para el número 12. El 10 quiere decir que en una pulgada se pueden escribir 10 letras; el 12 indica que en una pulgada se pueden escribir 12 caracteres o letras. Ambos "elementos movibles", 10 y 12, pueden ser usados en la misma IBM "Selectric" II.

Veamos, a continuación, algunos de los tipos de letras que pueden obtenerse usando los "elementos movibles":

---

**Advocate**

10 Pitch

IBM ADVOCATE Type is an open spaced square-serif design. It is well suited to all correspondence needs and is also available in a Puerto Rican version.
ABCDEFGHIJKLMNOPQRSTUVWXYZ      !@#$%¢&*()-_=+½¼?/"':;,.
abcdefghijklmnopqrstuvwxyz      1234567890

---

**Bookface Academic 72**

10 Pitch

IBM BOOKFACE ACADEMIC 72 Type is similar to the Bookface Academic type style offered with the IBM Model D Typewriter.  It is also available in an accounting version.
ABCDEFGHIJKLMNOPQRSTUVWXYZ      !@#$%¢&*()-_=+½¼?/"':;,.
abcdefghijklmnopqrstuvwxyz      1234567890

---

**Courier 72**

10 Pitch

IBM COURIER 72 Type is a square-serif design in the Pica family of type styles. This type style is also available in a legal, court reporter and Puerto Rican version.
ABCDEFGHIJKLMNOPQRSTUVWXYZ      !@#$%¢&*()-_=+½¼?/"':;,.
abcdefghijklmnopqrstuvwxyz      1234567890

---

**Delegate**

10 Pitch

IBM DELEGATE Type is a weighted type conveying the feeling of printed material. It is ideal for text copy and similar jobs. It is also available in a Puerto Rican version.
ABCDEFGHIJKLMNOPQRSTUVWXYZ      !@#$%¢&*()-_=+½¼?/"':;,.
abcdefghijklmnopqrstuvwxyz      1234567890

---

**Pica 72**

10 Pitch

IBM PICA 72 Type is similar to the Pica type styles offered with the IBM Model D Typewriter. It is also available in a legal, court reporter and chemical version.
ABCDEFGHIJKLMNOPQRSTUVWXYZ      !@#$%¢&*()-_=+½¼?/"':;,.
abcdefghijklmnopqrstuvwxyz      1234567890

---

**Prestige Pica 72\*\***

10 Pitch

IBM PRESTIGE PICA 72 Type is similar to Prestige Pica type style offered with the IBM Model D Typewriter.  It is also available in a legal, accounting and Puerto Rican version.
ABCDEFGHIJKLMNOPQRSTUVWXYZ      !@#$%¢&*()-_=+½¼?/"':;,.
abcdefghijklmnopqrstuvwxyz      1234567890

---

**Adjutant**

12 Pitch

IBM ADJUTANT Type is a weighted serif type design that conveys the feeling of printed material. It is recommended for the preparation of text copy and other similar typing applications.
ABCDEFGHIJKLMNOPQRSTUVWXYZ      !@#$%¢&*()-_=+½¼?/"':;,.
abcdefghijklmnopqrstuvwxyz      1234567890

---

**Artisan 12 (72)**

12 Pitch

IBM ARTISAN 12 (72) Type is a sans-serif design. It is well suited to typed matter which requires maximum use of typing space. Artisan is also available in a Puerto Rican version.
ABCDEFGHIJKLMNOPQRSTUVWXYZ      !@#$%¢&*()-_=+½¼?/"'':;,.
abcdefghijklmnopqrstuvwxyz      1234567890

---

**Courier 12**

12 Pitch

IBM COURIER 12 Type is a square-serif design in the Elite family of type styles and is similar to the Courier 72 element. It is well suited for a wide variety of typing applications.
ABCDEFGHIJKLMNOPQRSTUVWXYZ      !@#$%¢&*()-_=+½¼?/"':;,.
abcdefghijklmnopqrstuvwxyz      1234567890

---

**Courier 12 Italic**

12 Pitch

*IBM COURIER 12 ITALIC Type complements the Courier 12 type style. It may be used alone or in combination with other 12-pitch type styles for a wide variety of typing applications.*
*ABCDEFGHIJKLMNOPQRSTUVWXYZ*      *!@#$%¢&*()-_=+½¼?/"':;,.*
*abcdefghijklmnopqrstuvwxyz*      *1234567890*

---

**Elite 72**

12 Pitch

IBM ELITE 72 Type is similar to the Elite type styles offered with the IBM Model D Typewriter. It is also available with special characters for library work and in a tri-lingual version for foreign language typing.
ABCDEFGHIJKLMNOPQRSTUVWXYZ      !@#$%¢&*()-_=+½¼?/"':;,.
abcdefghijklmnopqrstuvwxyz      1234567890

---

**Large Elite 72**

12 Pitch

IBM LARGE ELITE 72 Type is similar to the Large Elite style offered with the IBM Model D Typewriter. Its clean, crisp appearance makes it suitable for a wide variety of typing applications.
ABCDEFGHIJKLMNOPQRSTUVWXYZ      !@#$%¢&*( )-_=+½¼?/"':;,.
abcdefghijklmnopqrstuvwxyz      1234567890

---

**Letter Gothic**

12 Pitch

IBM LETTER GOTHIC Type is a distinctive sans-serif design. It is ideal for invoices, statements and other typing applications where boldness is desired. It is also available in a Puerto Rican version.
ABCDEFGHIJKLMNOPQRSTUVWXYZ      !@#$%¢&*()-_=+½¼?/"':;,.
abcdefghijklmnopqrstuvwxyz      1234567890

---

**Printing and Publishing 3 OCR**

10 Pitch

IBM PRINTING AND PUBLISHING 3 Type is designed for applications involving ECRM scanners. Similar to Courier 12, some characters have been modified to facilitate machine reading
ABCDEFGHIJKLMNOPQRSTUVWXYZ      !@#$%¢&*()-Δ=+] [?/"':;,.
abcdefghijklmnopqrstuvwxyz      1234567890

---

| **Manifold 72** | IBM MANIFOLD 72 TYPE IS A SANS-SERIF TYPE FOR BILLING AND |
|---|---|
| 10 Pitch | FORMS PREPARATION. IT IS ALSO AVAILABLE IN A PICA NUMERAL |

**Manifold 72**

10 Pitch

IBM MANIFOLD 72 TYPE IS A SANS-SERIF TYPE FOR BILLING AND
FORMS PREPARATION. IT IS ALSO AVAILABLE IN A PICA NUMERAL
VERSION (1234567890) AND A CANCELLED ZERO VERSION (Ø).
ABCDEFGHIJKLMNOPQRSTUVWXYZ    !@#$%¢&*()-_=+½¼?/"':;,.
1234567890

---

**Orator**

10 Pitch

IBM ORATOR TYPE IS A LARGE, SANS-SERIF TYPE STYLE. ITS
BOLD, LEGIBLE CHARACTERS PROVIDE IMPACT AND COMMAND
ATTENTION. ORATOR IS RECOMMENDED FOR SPEECHES AND CHARTS.
ABCDEFGHIJKLMNOPQRSTUVWXYZ    !@#$%¢&*()-_=+½¼?/"':;,.
ABCDEFGHIJKLMNOPQRSTUVWXYZ    1234567890

---

**Dual Gothic**

12 Pitch

IBM DUAL GOTHIC Type is a sans-serif type similar to Dual Basic
Gothic type style offered with the IBM Model D Typewriter. Its crisp
appearance adds legibility to all types of copy preparation.
ABCDEFGHIJKLMNOPQRSTUVWXYZ    !@#$%¢&*()-_=+½¼?/"':;,.
abcdefghijklmnopqrstuvwxyz    1234567890

---

**Light Italic**

12 Pitch

*IBM LIGHT ITALIC Type is a "fine-line" italic style that may be
used alone or in combination with Pica or Elite type styles to add
impact and emphasis to a wide variety of typing applications.
ABCDEFGHIJKLMNOPQRSTUVWXYZ    !@#$%¢&*()-_=+½¼?/"':;,.
abcdefghijklmnopqrstuvwxyz    1234567890*

---

**Prestige Elite
72**

12 Pitch

IBM PRESTIGE ELITE 72 Type is a weighted serif type similar to the
Prestige Elite styles offered with the IBM Model D Typewriter. It is
also available with legal, chemical and French/English characters.
ABCDEFGHIJKLMNOPQRSTUVWXYZ    !@#$%¢&*()-_=+½¼?/"':;,.
abcdefghijklmnopqrstuvwxyz    1234567890

---

**Scribe**

12 Pitch

IBM SCRIBE Type is a modern square-serif design in the Elite family
of type styles. It is ideally suited for the preparation of reports and
correspondence. Scribe is also available in a Puerto Rican version.
ABCDEFGHIJKLMNOPQRSTUVWXYZ    !@#$%¢&*()-_=+½¼?/"':;,.
abcdefghijklmnopqrstuvwxyz    1234567890

**H. Vista de una oficina moderna.**

Wilson Jones Company, A Division of Swingline, Inc.

Capítulo IV

# I. Equipos para archivar.

**J. Una secretaria en funciones.**

Alumno:.........................................................................Fecha:...................................................

1.—Describa una oficina moderna:

2.—Enumere los equipos mecánicos y eléctricos con que, generalmente, están equipadas las oficinas modernas:

3.—¿Para qué se usan las máquinas de fotocopias?

4.—¿Cuál es el mayor uso que, en las oficinas, tienen los mimeógrafos?

5.—¿Qué ventajas, en cuanto a impresión, ofrece el sistema offset?

6.—¿Qué es un "addressograph"?

7.—¿Qué uso práctico tienen estos aparatos en las oficinas modernas?

8.—Ventajas que ofrecen los metros o aparatos para el sellaje mecánico de las cartas:

9.—¿Qué oficina oficial regula el funcionamiento de estos metros o aparatos para el franqueo de la correspondencia?

10.—Investigue, en la oficina de correos de su localidad, sobre lo que significa:

a) Correspondencia de Primera clase
b)           ”           Segunda    ”
c)           ”           Tercera    ”
d)           ”           Cuarta     ”
Correspondencia certificada
Entrega Inmediata
Vía aérea (Escriba lo que significa cada una).

11.—Investigue, además, sobre la Unión Postal y la correspondencia internacional, por vía marítima y por vía aérea.

Capítulo IV

La carta como elemento positivo de publicidad. El anuncio psicológico a través de la correspondencia comercial. Ideas, ilustraciones y color como elementos de impacto. Satisfacción, compenetración y acción como elementos resultantes. La "buena voluntad".

## LA CARTA COMO ELEMENTO POSITIVO DE PUBLICIDAD

La carta es, además, un elemento positivo de publicidad. La carta comercial si llena los propósitos y funciones que reclama una comunicación efectiva, puede, en muchos casos, ser instrumento de publicidad, de anuncio, para la obtención de nuevos clientes.

## EL ANUNCIO PSICOLÓGICO A TRAVÉS DE LA CORRESPONDENCIA COMERCIAL

A través de la correspondencia comercial puede desarrollarse el anuncio psicológico, es decir, aquel que llega sutilmente y produce el impacto deseado.

## IDEAS, ILUSTRACIONES Y COLOR COMO ELEMENTOS DE IMPACTO

Son factores de consideración para la obtención de ese impacto:

1. La exposición lógica y ordenada de las ideas que deben aparecer en la comunicación.

2. Las ilustraciones que, a veces, acompañan a una carta.

3. El adecuado uso del color, ya en las ilustraciones, ora en los anuncios o dibujos que pueden acompañar a la carta.

## SATISFACCIÓN, COMPENETRACIÓN Y ACCIÓN COMO ELEMENTOS RESULTANTES

Este conjunto de elementos conduce a un ambiente de satisfacción y de compenetración, que deriva, sin duda, en una acción positiva para la empresa o negocio.

## LA "BUENA VOLUNTAD"

Debe tenerse presente que en una comunicación efectiva son necesarios, para obtener el elemento o factor llamado "buena voluntad", los siguientes aspectos técnicospsicológicos:

1. La justificación. Debe siempre justificarse los motivos que determinan la carta o mensaje. El por qué Ud. envía ese mensaje, o el por qué responde con un mensaje.

**2. La pertinencia.** Como se trata de una carta comercial, Ud. está representado por Ud. mismo; por consiguiente, es necesario que ponga en evidencia sus ideas y sus sentimientos, como algo principal o "sustancia" de su mensaje.

Cada palabra, cada párrafo, debe ajustarse a eso que llamamos "sustancia"; por tanto, la carta requiere una cuidadosa planificación previa, la cual podrá ser discutida, después, en detalles.

Enfatizamos en la necesidad de la pertinencia, o sea del ajuste de la carta a lo que, especificamente, debe ser tratado en forma lógica.

**3. El tono.** Las palabras usadas en la correspondencia comercial son símbolos que representan las emociones e ideas del pueblo, en otras palabras, del medio social.

El tono debe ser comunicativo, con sinceridad y cortesía y, fundamentalmente, que refleje deseos de servir.

Otros aspectos a considerar en la correspondencia comercial son:

**1. Las preguntas.** Las preguntas deben ser concisas a fin de obtener útiles respuestas.

**2. Los informes.** Estos deben exponer conceptos que más tarde pueden ser desarrollados en detalle.

**3. La persuación.** El redactor de la carta debe conocer los puntos o factores que pueden hacer mover a una persona. La persuación constituye un gran éxito en las comunicaciones comerciales. Por tanto, es aconsejable identificar lo que necesita la persona o empresa y lo que su compañía puede satisfacer. Explicar cómo Ud. y su compañía pueden hacer esto. Estimular hacia la visualización y el disfrute de los beneficios que Ud. y su compañía ofrecen.

**4. Aplicación de la lógica.** Las principales formas de la lógica están basadas en el razonamiento de lo específico o particular a lo general (inducción) y el razonamiento de lo general a lo específico o particular (deducción).

La inducción y la deducción son armas poderosas para un hombre de negocios inteligente.

## LA BUENA VOLUNTAD EN LAS CARTAS COMERCIALES

Cada carta, cada mensaje de negocios, ofrece la oportunidad de expresar la "buena voluntad". El estudio de la función específica de la "buena voluntad" permite clasificar las comunicaciones, en tres grandes grupos:

1. Las que ayudan a Ud. a decir "sí"

2. Las que ayudan a Ud. a decir "no"

3. Las que demuestran una especial consideración por los intereses humanos.

Veamos ejemplos que ilustran, de manera más concreta, los aspectos enumerados.

Ya expresamos anteriormente, lo que significa el tono en una carta comercial. Si el tono no es adecuado, la función del "goodwill" o de la "buena voluntad", aunque en la carta se diga "sí", no deja la huella necesaria y en consecuencia, la persona que la recibe, la entidad comercial, olvida que existe la "buena voluntad" como instrumento ideal para los buenos negocios.

El siguiente mensaje, aunque expresa la aprobación del crédito solicitado es un mensaje elaborado en un tono de "badwill" o "mala voluntad":

Señor: Tengo el gusto de informar a Ud. que, al fin, aprobamos su petición de crédito, sujeto el mismo a nuestro usuales términos. El proceso para su aprobación siguió los pasos rutinarios para estos casos, por cuanto nosotros recibimos muchas aplicaciones semejantes. Ud. puede hacer las compras de las mercancías para el invierno a base de dicho crédito. Si Ud. desea hacer esto, envíenos su orden inmediatamente. Muy atentamente.

En la próxima página veamos la misma carta con un efectivo mensaje de "buena voluntad", por el tono empleado, lo cual dejará huella favorable en el cliente.

La "buena voluntad" debe prevalecer siempre, aunque en la comunicación tengamos que decir "no", es decir, dar una respuesta negativa, no conceder algo.

Vamos a ver dos ejemplos donde decimos NO con "buena voluntad" y SI con "buena voluntad":

Estimado cliente:

Gracias por vuestro interés en la producción de trajes para el verano.

En nuestro edificio principal tenemos una amplia exposición de toda la producción. La exposición está abierta, todos los días, de 4 p.m. a 8 p.m.

Debido a la extraordinaria demanda está totalmente exhausta nuestra producción de verano; no obstante, nos sentiríamos muy honrados con la visita de Udes.

Esperando verlos en esta su casa tan pronto puedan, quedamos muy sinceramente,

SASTRES ANATÓMICOS "EL SOL"

Estimado cliente:

Gracias por vuestro interés en nuestra producción de trajes para el verano. Con mucho gusto estamos remitiéndole el catálogo. Observen las páginas 23, 34, 56 y 75 donde aparecen los modelos diseñados especialmente para esta estación.

En nuestro edificio principal tenemos una amplia exposición de toda la producción. La exposición está abierta, todos los días, de 4 p.m. a 8 p.m. Permítanos conocer cuándo puede asistir a la misma, pues tenemos especial interés en que nuestro diseñador converse con Ud.

En espera de su respuesta, quedamos muy sinceramente,

SASTRES ANATÓMICOS "EL SOL"

## DISTRIBUIDORA COMERCIAL ECUATORIANA
Montalvo, 456                                    Quito

3 de octubre de 19__

Sr. Miguel Montes de Oca
San Martín, 333
Guayaquil.

Estimado cliente:

Con mucho gusto informamos a Ud. que su cuenta de crédito está aprobada y lista para ser usada cuando lo
desee.

Su negocio es, sin duda, excelente, y su personal reputación dan las mejores oportunidades para las mejores ganancias.

Se acerca el invierno y, en consecuencia, las ventas
especiales de la temporada navideña. Al efecto, nuestro Agente, Sr. Héctor Piñol, le hará una visita para
dejarle el catálogo general y las órdenes en blanco.
Estas órdenes especifican, al dorso, nuestros habituales términos.

Por favor, déjenos conocer, oportunamente, sobre los
grandes éxitos de venta en esta temporada.

Tan pronto recibamos sus órdenes haremos los envíos
inmediatamente. En espera de sus noticias, quedamos
muy atentamente,

        DISTRIBUIDORA COMERCIAL ECUATORIANA

          Rafael Rodríguez
          Gerente

RR/ma

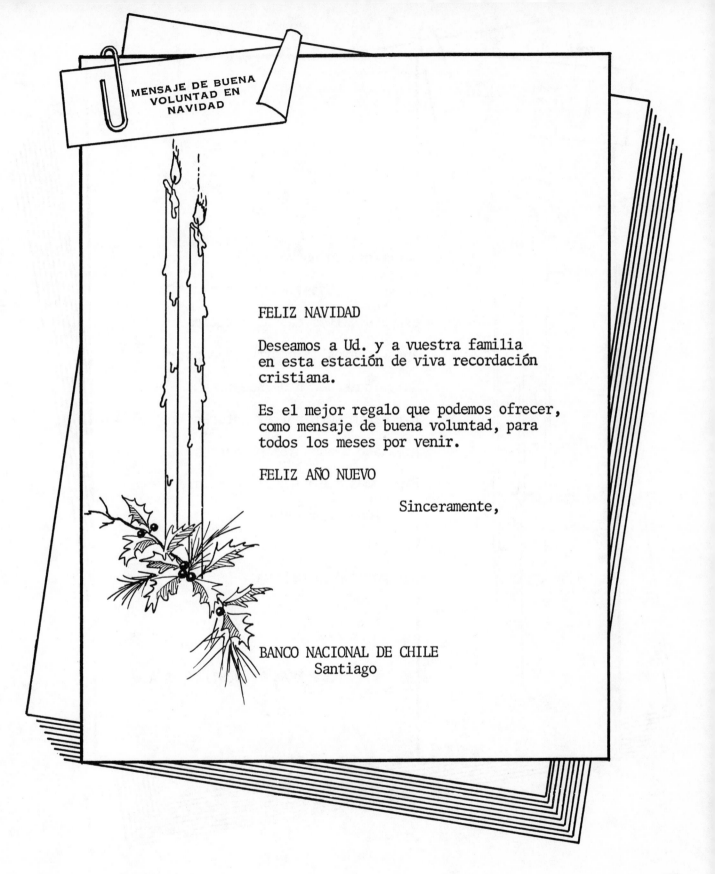

MENSAJE DE BUENA
VOLUNTAD EN
NAVIDAD

FELIZ NAVIDAD

Deseamos a Ud. y a vuestra familia
en esta estación de viva recordación
cristiana.

Es el mejor regalo que podemos ofrecer,
como mensaje de buena voluntad, para
todos los meses por venir.

FELIZ AÑO NUEVO

Sinceramente,

BANCO NACIONAL DE CHILE
Santiago

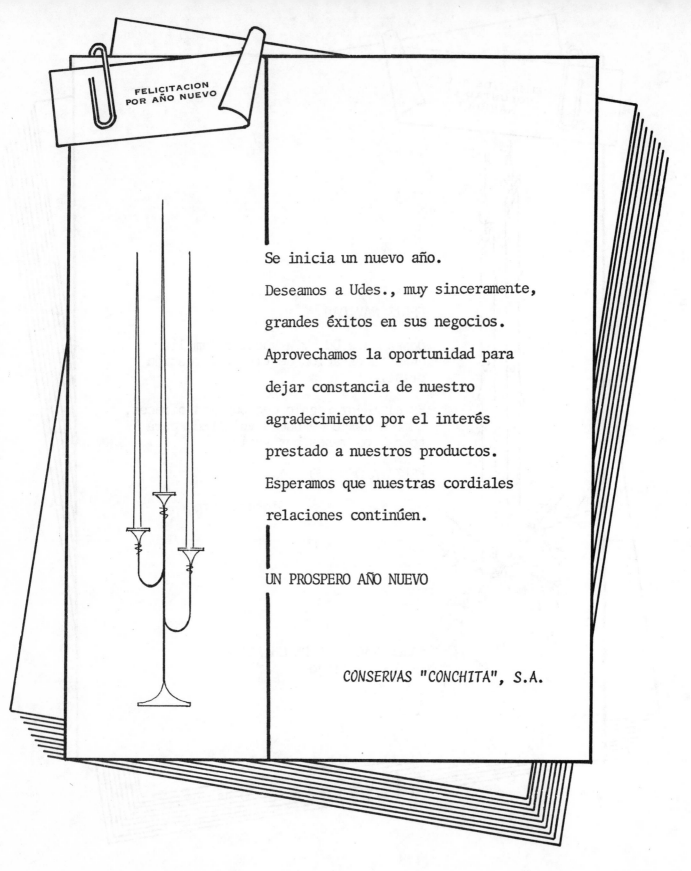

FELICITACION
POR AÑO NUEVO

Se inicia un nuevo año.

Deseamos a Udes., muy sinceramente,

grandes éxitos en sus negocios.

Aprovechamos la oportunidad para

dejar constancia de nuestro

agradecimiento por el interés

prestado a nuestros productos.

Esperamos que nuestras cordiales

relaciones continúen.

UN PROSPERO AÑO NUEVO

*CONSERVAS "CONCHITA", S.A.*

Alumno:....................................................................................Fecha:............................................................

**1.—¿Es la carta un elemento de publicidad?**

**2.—¿A qué llamamos anuncio psicológico?**

**3.—Factores que contribuyen a la obtención del impacto deseado en un anuncio psicológico:**

**4.—¿Qué es el "goodwill" o "buena voluntad" en la correspondencia?**

**5.—¿Qué aspectos técnico-psicológicos son fundamentales en la correspondencia para lograr la "buena voluntad"?**

6.—¿Cree Ud. que debe justificarse, siempre, el motivo o motivos que determinan la carta o mensaje?

7.—¿Requieren las cartas una cuidadosa planificación previa? ¿Por qué?

8.—¿En qué tono deben ser escritas las cartas?

9.—¿Cuál es el propósito de utilizar el método de preguntas en la correspondencia comercial?

10.—¿En qué consiste la persuación?

11.—Explique por qué la inducción y la deducción son armas poderosas para un hombre de negocios inteligente:

Capítulo V                                    Ejercicio Núm.................

Alumno:.................................................................Fecha:.................................................

12.—¿Cómo podemos clasificar las comunicaciones en relación con la función específica de la "buena voluntad"?

13.—Escriba una carta comercial donde se concede lo que se ha solicitado por el cliente, pero elaborada dicha carta en un tono de "mala voluntad" o de "badwill":

14.—Escriba la misma carta del número anterior, pero elaborada con un efectivo mensaje de "buena voluntad" o de "goodwill":

15.—¿Debe prevalecer la "buena voluntad" aun en aquellas comunicaciones donde se niegue algo? ¿Por qué?

Capítulo V

Capítulo V                                      Ejercicio Núm.................

Alumno:.............................................................................Fecha:........................................

16.—Escriba una carta donde se niega algo; pero expresado con "buena voluntad":

17.—Escriba una carta donde se concede algo pero expresado con "buena voluntad":




18.—Escriba un mensaje de "buena voluntad" con motivo del período de Navidad:

# PARTE SEGUNDA

# LA CORRESPONDENCIA Y LA DOCUMENTACION MERCANTIL EN LA PRACTICA.

# CAPÍTULO VI

**Los mensajes breves: El anuncio y el aviso. El besalamano (B.L.M.) y saluda. El telegrama, radiograma y cablegrama. Los mensajes en clave. Los códigos. La esquela. El memorandum. La tarjeta postal.**

## LOS MENSAJES BREVES

Son ·comunicaciones sencillas, de limitado número de palabras, donde no se requieren los formulismos empleados en las cartas comerciales propiamente dichas.

## EL ANUNCIO Y EL AVISO

Requieren una redacción clara, precisa, sin artificios literarios y muy concisa. Estos mensajes carecen de destinatario y despedida.

## EL BESALAMANO (B.L.M.) Y EL SALUDA

Son comunicaciones para anunciar o invitar. Carecen de firma. Actualmente, se usan poco.

## EL TELEGRAMA, RADIOGRAMA Y CABLEGRAMA

Son comunicaciones urgentes, sencillas y breves. Toman estos nombres según el procedimiento empleado para trasmitirlos: el telégrafo, el radio, el cable.

El telegrama y el radiograma son, generalmente, para uso local o sea dentro del propio país; el cablegrama es usado, generalmente, para comunicarse fuera del país; por ejemplo, entre Puerto Rico y Venezuela.

## LOS MENSAJES EN CLAVE. LOS CÓDIGOS.

Por razones de economía se han creado sistemas de expresar con pocas palabras conceptos de uso común en el lenguaje comercial.

A una lista de palabras elegidas caprichosamente, se le asigna, a cada una, un significado dentro del vocabulario mercantil. Estas listas, reunidas en forma de libro, reciben la denominación de claves o códigos.

Hay muchos códigos, pero los más utilizados son: Western Union, ABC, Morse, etc.

## LA ESQUELA

Es una carta breve que se utiliza para citaciones, recados, invitaciones, etc. Sustituye, a veces, al saluda o besalamano y a la tarjeta postal. Un ejemplo muy común de este tipo de comunicación lo podemos ver en las esquelas de defunción.

## EL MEMORÁNDUM

Según el significado del vocablo (del latín "memorandum") es un mensaje breve para referirse a algo que debe mantenerse en la memoria. Su uso es informal. Se usa dentro de la empresa, o sea, la correspondencia entre los miembros de una firma, no con sus clientes.

Generalmente, adopta la forma que aparece en los ejemplos que damos más adelante.

## LA TARJETA POSTAL

Es similar, en el texto, al memorandum, utilizándose, específicamente, cuando la notificación va al exterior, es decir, fuera de los límites naturales de una oficina, institución o negocio. En la cara anterior se escriben las direcciones del destinatario y del remitente. Si no está impresa en ella la estampilla de correo, se le pone el franqueo que corresponda. Veamos un ejemplo:

Remite:
Dr. Ignacio Taboada
Ave. Eraso, 75
Caracas.

Dr. Miguel Auvert
Bolívar, 42
Maracaibo.

**Cara anterior**

Estimado colega:

El día 25 de mayo de 19__, a las 9 p.m., en el Hotel Hilton:
Avenida Urdaneta, 46 en esta ciudad, tendrá efecto la Asamblea Nacional del Colegio Médico.

Por este medio lo citamos para dicho acto.

Dr. I. Taboada
Secretario

Caracas, 4 de mayo de 19__

**Cara posterior**

## AVISO

La entrega de los Diplomas a los alumnos graduados del Centro Vocacional de Recursos Pedagógicos, Región Educativa de San Juan, tendrá
efecto el sábado 15 de julio de 19__ a las 8
de la noche.

La Directora


Dra.  María Colón de Santana

AVISO

El Profesor D. Ramón Pelayo Alonso, de la Facul-

tad de Ciencias Comerciales de la Universidad Cen-

tral de Madrid, ofrecerá, a los alumnos de Español

Comercial 202: Psicología de la Comunicación, el

día 9 de marzo de 19__ a las cinco de la tarde,

en el Departamento de Lenguas Modernas, una con-

ferencia sobre las técnicas específicas en la

creación de cartas de esfuerzo argumentativo.


Dr. Miguel Angel O'Neill
Decano de la Facultad de Administración Comercial.

Universidad de Puerto Rico
Recinto de Río Piedras.

# CUENTAS ESPECIALES DE AHORRO

**Desde el 2 y hasta el 10 de mayo...**

ampliamos el horario para capitalización de intereses en cuentas especiales de ahorro.

El Banco atenderá a sus clientes en Casa Central, en el HORARIO CORRIDO de 9 a 16 horas. Usted podrá retirar su nueva libreta actualizada con los intereses y realizar toda clase de operaciones relacionadas con el sistema: **APERTURA DE NUEVAS CUENTAS, DEPOSITOS, EXTRACCIONES Y ADQUISICION DE CREDENCIALES.**

**Aproveche esta facilidad y concurra, preferentemente en horas de la mañana.**

# BND
## BANCO NACIONAL DE DESARROLLO

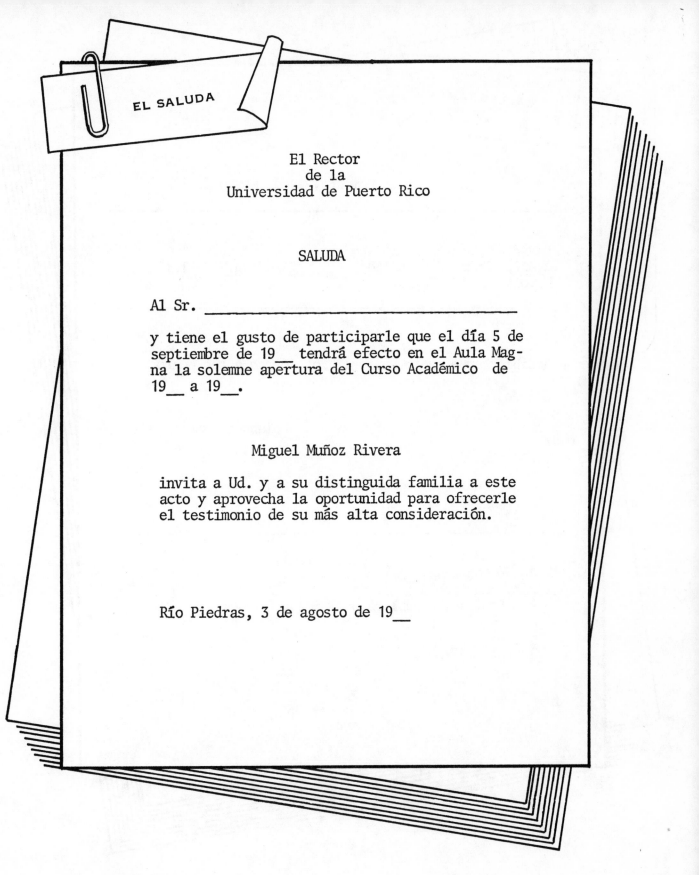

EL SALUDA

El Rector
de la
Universidad de Puerto Rico


SALUDA


Al Sr. _____

y tiene el gusto de participarle que el día 5 de
septiembre de 19__ tendrá efecto en el Aula Mag-
na la solemne apertura del Curso Académico  de
19__ a 19__ .


Miguel Muñoz Rivera

invita a Ud. y a su distinguida familia a este
acto y aprovecha la oportunidad para ofrecerle
el testimonio de su más alta consideración.


Río Piedras, 3 de agosto de 19__

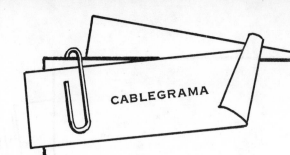

CABLEGRAMA

Santo Domingo, 19 de marzo de 19__

---

David H. Ruiz
Avenida Muñoz Rivera 150          Teléfono: 765-1615
Hato Rey,  PR  00919

---

Recibí cheque punto Envío libros correo aéreo punto

Saludos

                                 Rolando

---

Rolando González
Domingo Savio, 73
Santo Domingo, República Dominicana

Teléfono: 688-3735

## Telegram

western union

| SEN DS.—CL. OF SVC. | PD. OR COLL | CASH NO. | CHARGE TO THE ACCOUNT OF | |
|---|---|---|---|---|

☐ OVER NIGHT TELEGRAM
UNLESS BOX ABOVE IS CHECKED THIS
MESSAGE WILL BE SENT AS A TELEGRAM

Send the following message, subject to the terms on back hereof, which are hereby agreed to

July 15    19

TO    Enriqueta Somano      CARE OF OR APT. NO.

STREET & NO.    6486 S.W. 13 Street      TELEPHONE   667-5475

CITY & STATE    Miami, Florida      ZIP CODE   33144

Felicidades abrazos

Ketty

SENDER'S TEL. NO.   647-8016      NAME & ADDRESS   Mrs. Ketty Machado
131 Arlington Ave., Brooklyn, NY 11207

## Telegraphic Money Order

western union

Send the following Money Order subject to conditions below and on back hereof, which are hereby agreed to

| SENDING DATA | CHECK | OFFICE | DATE AND FILING TIME | $ AMT. |
|---|---|---|---|---|
| | | | | FEE |
| | | | | TOLLS |
| | | | ACCTG. INFM. | TAX |
| MOD 159 17 752 = | | | | TOTAL |

◄ DO NOT WRITE ABOVE THIS LINE ►

PAY AMOUNT: Five hundred -------------------- /100 DOLLARS   ( $500.00 )   =
FIGURES    CAU OR VIG

TO: Roger Román     = TEST QUESTION   =

ADDRESS: 3233 Calumet Drive     CARE OF OR APT. NO.

CITY - STATE Orlando, Florida 32810    = SENDER'S NAME: María González   =

DELIVER THE FOLLOWING MESSAGE WITH THE MONEY: Feliz cumpleaños besos

= MOD =

SENDER'S FULL NAME: Mrs. María González    2464 Confederate Dr. Wilmington, N.C. 763-8709
ADDRESS      TELEPHONE NUMBER

● Unless signed below the Telegraph Company is directed to
pay this money order at my risk to such person as its paying
agent believes to be the above named payee, personal identi-
fication being waived. Foreign money orders excepted.    ⑂⑂15⑂17752⑂

WU 72-A (R5-69)

Capítulo VI

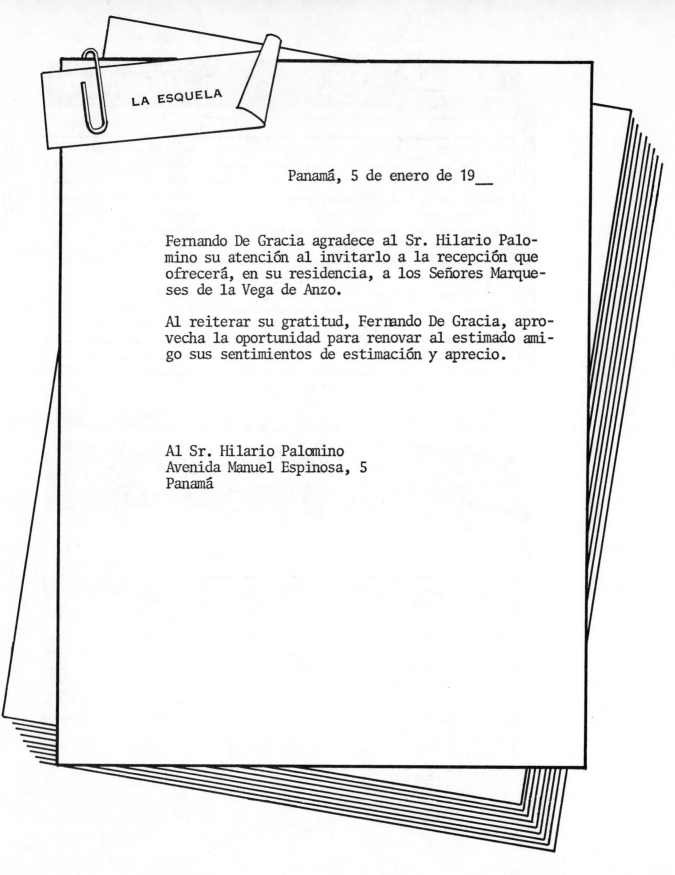

Panamá, 5 de enero de 19__

Fernando De Gracia agradece al Sr. Hilario Palomino su atención al invitarlo a la recepción que ofrecerá, en su residencia, a los Señores Marqueses de la Vega de Anzo.

Al reiterar su gratitud, Fernando De Gracia, aprovecha la oportunidad para renovar al estimado amigo sus sentimientos de estimación y aprecio.


Al Sr. Hilario Palomino
Avenida Manuel Espinosa, 5
Panamá

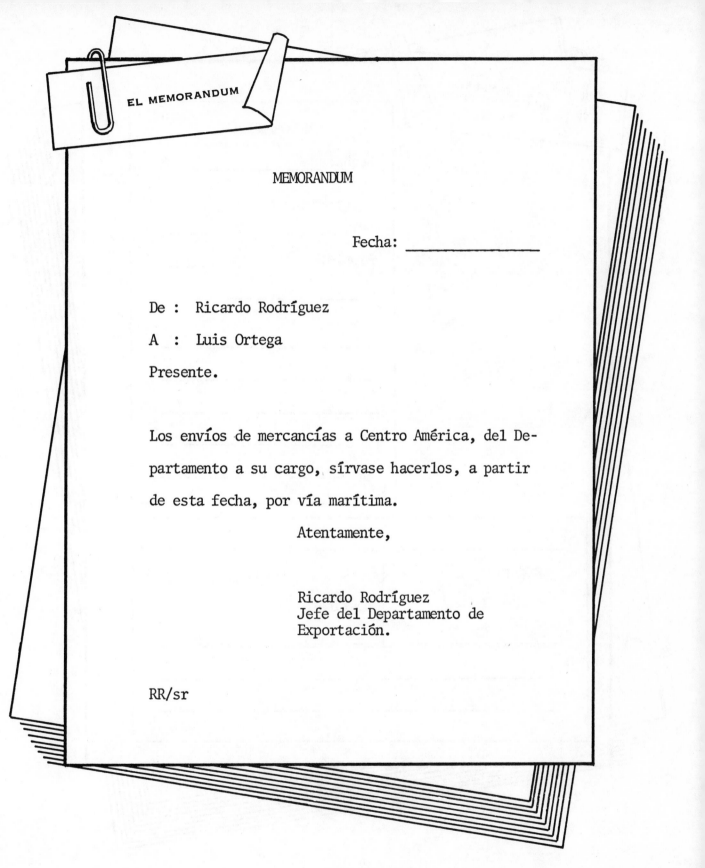

EL MEMORANDUM

MEMORANDUM

Fecha: _____

De :  Ricardo Rodríguez

A  :  Luis Ortega

Presente.

Los envíos de mercancías a Centro América, del Departamento a su cargo, sírvase hacerlos, a partir
de esta fecha, por vía marítima.

Atentamente,

Ricardo Rodríguez
Jefe del Departamento de
Exportación.

RR/sr

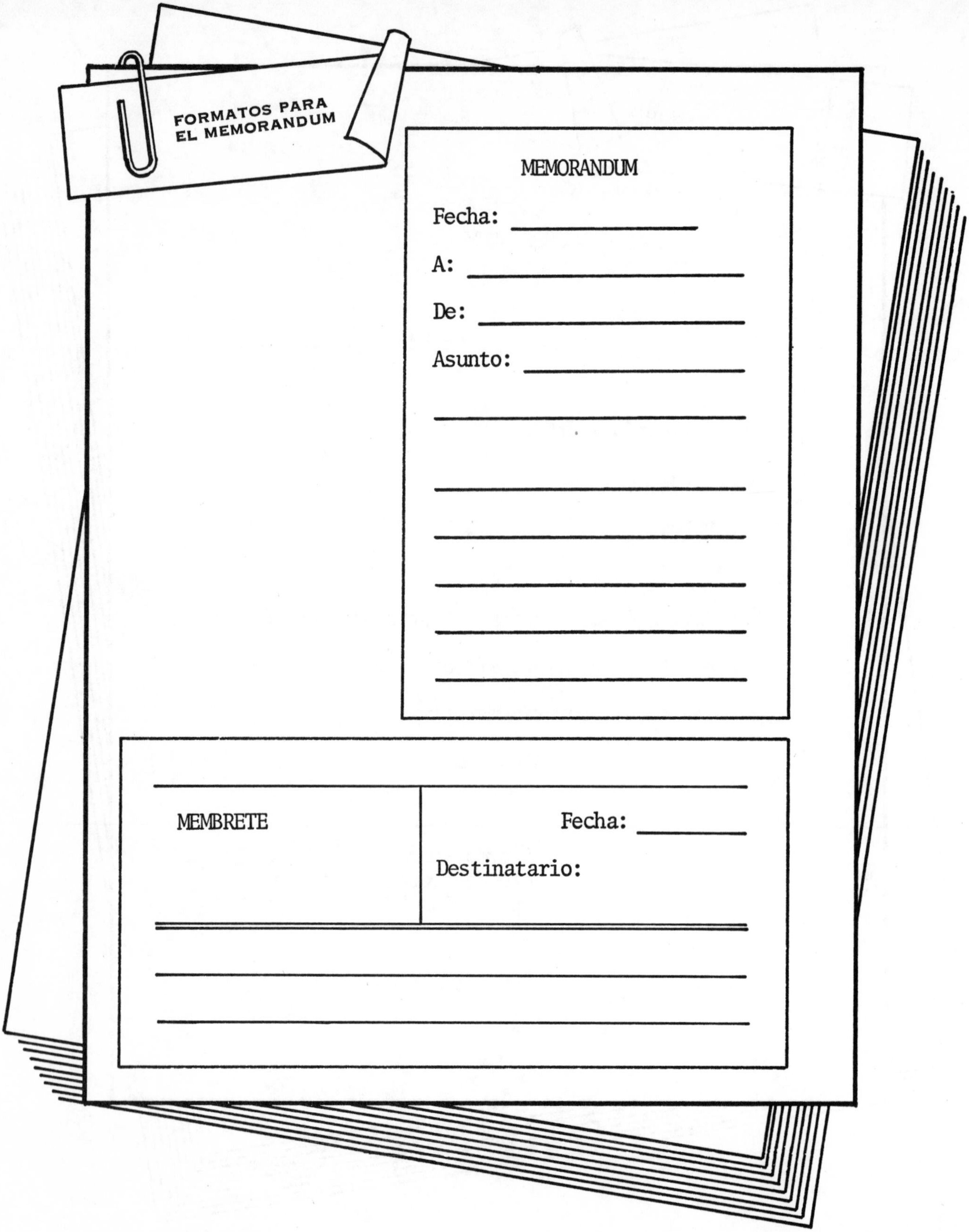

FORMATOS PARA
EL MEMORANDUM
MEMORANDUM
Fecha:
A:
De:
Asunto:
MEMBRETE
Fecha:
Destinatario:

1.—Exprese las características de los mensajes breves:

2.—Escriba, a continuación, un mensaje breve:

3.—¿Cuáles son los mensajes que carecen de destinatario y de despedida?

4.—Redacte, a continuación, un aviso:

5.—Redacte, a continuación, un anuncio:

6.—¿Para qué se usan el **besalamano y el saluda?**

7.—Escriba, a continuación, una invitación usando el tipo de comunicación llamado **saluda:**

8.—¿Qué diferencia hay entre un telegrama y un cablegrama?

9.—Escriba, a continuación un radiograma:




10.—Explique en qué consiste un mensaje en clave:




11.—¿Cuáles son los códigos más utilizados para los mensajes en clave?




12.—¿Qué es una esquela?

Capítulo VI                                          Ejercicio Núm................

Alumno:.............................................................................Fecha:............................................

13.—Escriba, a continuación, un memorandum:

14.—Diga los usos que tienen las caras **anterior** y **posterior** de una tarjeta postal:

a) Cara anterior

b) Cara posterior

15.—Redacte, a continuación, la cara **posterior** de una tarjeta postal:

**Las cartas sociales: De felicitación. De gratitud. De información. De invitación. De aceptación. De excusa. De ofrecimiento de servicios. De aceptación de ofrecimiento de servicios. De no aceptación de ofrecimiento de servicios. De pésame. De presentación. De queja. De recomendación.**

## LAS CARTAS SOCIALES

Las cartas sociales, generalmente, carecen de formulismos. Deben ser sencillas, agradables y, en cierta forma, atractivas.

Pueden ser escritas en papel $8\frac{1}{2} \times 11$, pero también puede ser usado un papel de $8\frac{1}{2} \times 5\frac{1}{2}$, en forma de pliego.

Las dimensiones de los sobres varían, por ejemplo, $6 \times 4$ pulgadas; $7 \times 4\frac{1}{2}$ ó $5 \times 5$.

Veamos, a continuación, algunos ejemplos, que ilustran y ayudan a la confección de cartas sociales.

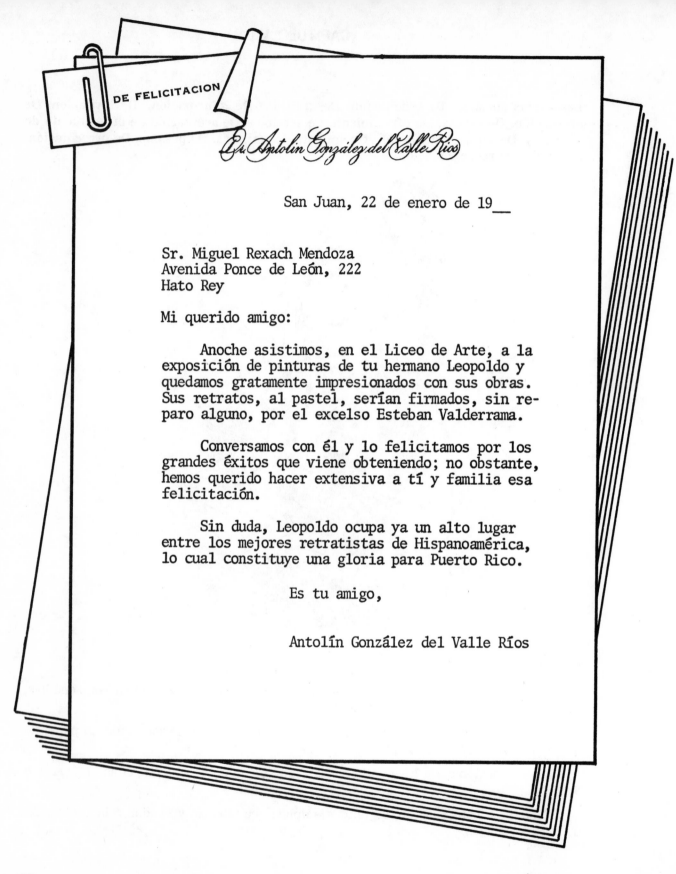

*Dr. Antolín González del Valle Ríos*

San Juan, 22 de enero de 19__

Sr. Miguel Rexach Mendoza
Avenida Ponce de León, 222
Hato Rey

Mi querido amigo:

Anoche asistimos, en el Liceo de Arte, a la exposición de pinturas de tu hermano Leopoldo y quedamos gratamente impresionados con sus obras. Sus retratos, al pastel, serían firmados, sin reparo alguno, por el excelso Esteban Valderrama.

Conversamos con él y lo felicitamos por los grandes éxitos que viene obteniendo; no obstante, hemos querido hacer extensiva a tí y familia esa felicitación.

Sin duda, Leopoldo ocupa ya un alto lugar entre los mejores retratistas de Hispanoamérica, lo cual constituye una gloria para Puerto Rico.

Es tu amigo,

Antolín González del Valle Ríos

Capítulo VII

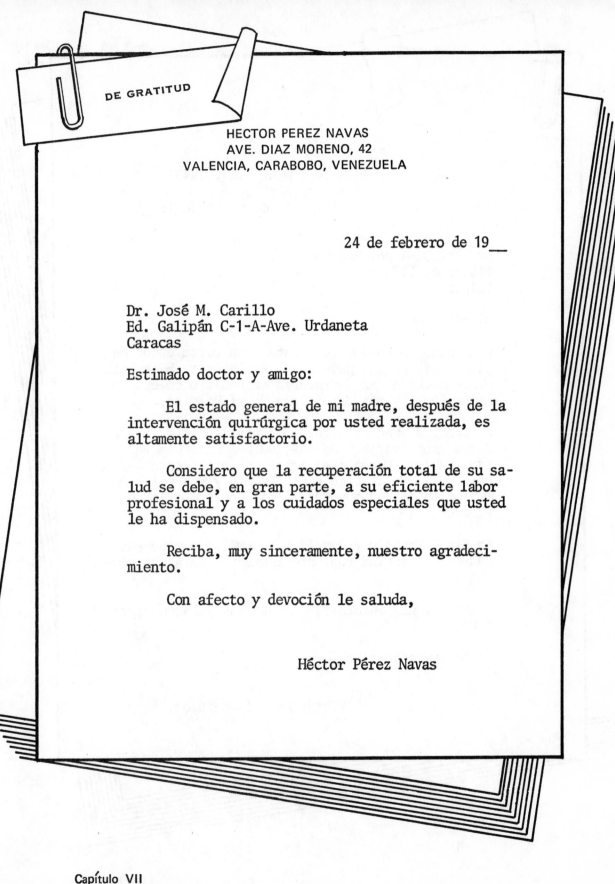

HECTOR PEREZ NAVAS
AVE. DIAZ MORENO, 42
VALENCIA, CARABOBO, VENEZUELA

24 de febrero de 19__

Dr. José M. Carillo
Ed. Galipán C-1-A-Ave. Urdaneta
Caracas

Estimado doctor y amigo:

El estado general de mi madre, después de la intervención quirúrgica por usted realizada, es altamente satisfactorio.

Considero que la recuperación total de su salud se debe, en gran parte, a su eficiente labor profesional y a los cuidados especiales que usted le ha dispensado.

Reciba, muy sinceramente, nuestro agradecimiento.

Con afecto y devoción le saluda,

Héctor Pérez Navas

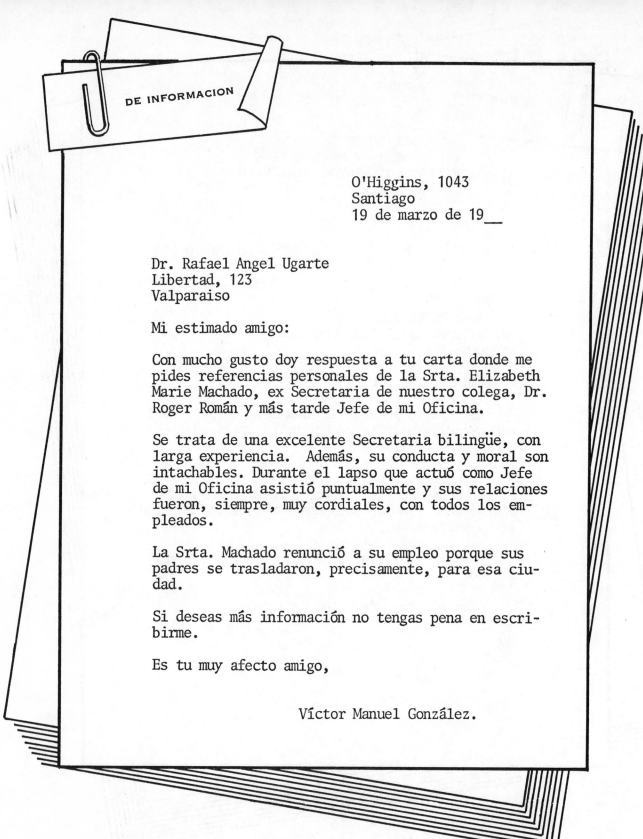

O'Higgins, 1043
Santiago
19 de marzo de 19__

Dr. Rafael Angel Ugarte
Libertad, 123
Valparaiso

Mi estimado amigo:

Con mucho gusto doy respuesta a tu carta donde me
pides referencias personales de la Srta. Elizabeth
Marie Machado, ex Secretaria de nuestro colega, Dr.
Roger Román y más tarde Jefe de mi Oficina.

Se trata de una excelente Secretaria bilingüe, con
larga experiencia. Además, su conducta y moral son
intachables. Durante el lapso que actuó como Jefe
de mi Oficina asistió puntualmente y sus relaciones
fueron, siempre, muy cordiales, con todos los empleados.

La Srta. Machado renunció a su empleo porque sus
padres se trasladaron, precisamente, para esa ciudad.

Si deseas más información no tengas pena en escri-
birme.

Es tu muy afecto amigo,

Víctor Manuel González.

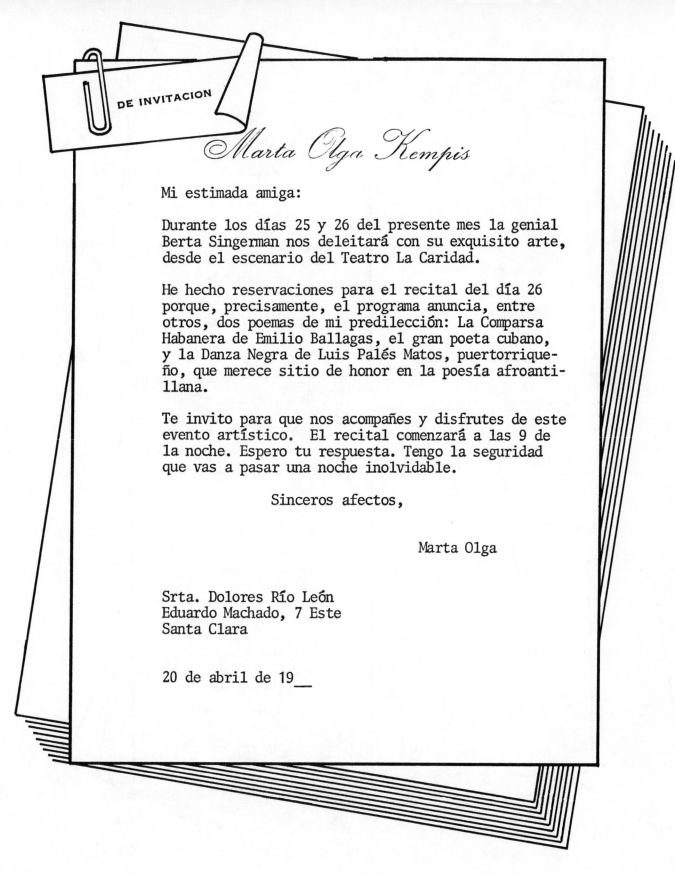

*Marta Olga Kempis*

Mi estimada amiga:

Durante los días 25 y 26 del presente mes la genial Berta Singerman nos deleitará con su exquisito arte, desde el escenario del Teatro La Caridad.

He hecho reservaciones para el recital del día 26 porque, precisamente, el programa anuncia, entre otros, dos poemas de mi predilección: La Comparsa Habanera de Emilio Ballagas, el gran poeta cubano, y la Danza Negra de Luis Palés Matos, puertorrique-ño, que merece sitio de honor en la poesía afroanti-llana.

Te invito para que nos acompañes y disfrutes de este evento artístico. El recital comenzará a las 9 de la noche. Espero tu respuesta. Tengo la seguridad que vas a pasar una noche inolvidable.

        Sinceros afectos,

                Marta Olga

Srta. Dolores Río León
Eduardo Machado, 7 Este
Santa Clara

20 de abril de 19__

DE INVITACION
PARA UNA BODA

Mr. and Mrs. José González del Valle
and
Mr. and Mrs. Anthony Belskey
invite you to share in the joy
when our children
Martha
and
Tony
exchange marriage vows
and begin their new life together
on Saturday, the twenty-third of March
Nineteen hundred and seventy-four
at two o'clock
Our Mother of Sorrows Church
Johnstown, Pennsylvania

DE INVITACION
PARA UNA BODA

Mr. and Mrs. Joseph E. Hannan
Mr. and Mrs. Ramón Colón
request the honour of your presence
at the marriage of their children

Kathleen
to
Ramón

on Saturday, the first of June
Nineteen hundred and seventy-four
at three-thirty o'clock

St. Catharine's Church
Second Avenue
Pelham, New York

Srta. Marta Olga Kempis
Marta Abreu, 15
Santa Clara

Mi estimada Marta Olga:

En mi poder tu invitación para el Recital Poé-
tico de la exquisita declamadora argentina Sra. Berta Singerman. En mucho agradezco tu atención y acep-
to la invitación con verdadero gusto.

Al poeta Emilio Ballagas lo conozco personalmen-
te y sé que vale mucho. Palés Matos es poeta que pone muy alto el nombre de Puerto Rico. Con tu invitación me das el placer de oír, entre otras, "Viento de
la luz de junio," de Ballagas y la "Danza negra" de
Palés Matos, en la voz única de Berta.

A las ocho y media de la noche del día 26 esta-
ré en tu casa.

Te quiere,

Dolores

Santa Clara, 21 de abril de 19__

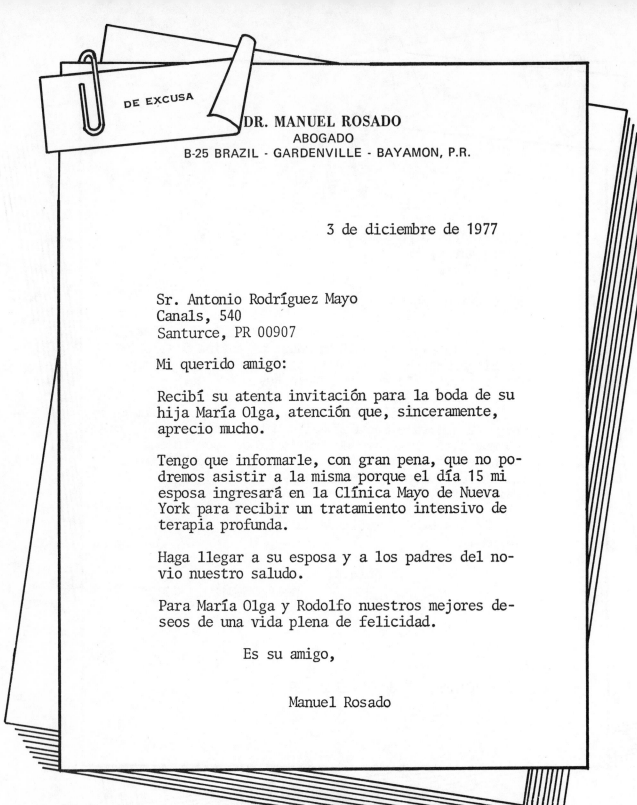

DE EXCUSA

**DR. MANUEL ROSADO**
ABOGADO
B-25 BRAZIL · GARDENVILLE · BAYAMON, P.R.

3 de diciembre de 1977

Sr. Antonio Rodríguez Mayo
Canals, 540
Santurce, PR 00907

Mi querido amigo:

Recibí su atenta invitación para la boda de su
hija María Olga, atención que, sinceramente,
aprecio mucho.

Tengo que informarle, con gran pena, que no po-
dremos asistir a la misma porque el día 15 mi
esposa ingresará en la Clínica Mayo de Nueva
York para recibir un tratamiento intensivo de
terapia profunda.

Haga llegar a su esposa y a los padres del novio nuestro saludo.

Para María Olga y Rodolfo nuestros mejores deseos de una vida plena de felicidad.

Es su amigo,

Manuel Rosado

Santo Domingo, 5 de mayo de 19___

Sastrería "Oscar"
Duarte, 875
Santo Domingo

Señores:

He leído, en la edición de hoy, en el periódico
La Libertad, un anuncio de Udes. donde solicitan
los servicios de un sastre cortador.

Me gustaría conocer todo lo relacionado con esa
posición.

Tengo más de diez años de experiencia en el giro,
he trabajado en Puerto Rico y en Venezuela. Puedo mostrarles  cartas de recomendación de los lugares donde he trabajado.

Me gustaría trabajar con Udes. Tengo excelentes
referencias de la Sastrería "Riera". Si aún están interesados en cubrir esa plaza les agrade-
cería me concedieran una entrevista.

En espera de la respuesta de Udes., queda muy
atentamente,

José Plá Godoy

S/C: Santomé, 221
     Santo Domingo.

SASTRERIA "OSCAR"
Duarte, 875
Santo Domingo, R. D.

◆ Un modelo individual para cada cliente ◆

9 de mayo de 19__

Sr. José Plá Godoy
Santomé, 221
Santo Domingo

Estimado Sr. Plá:

Acusamos recibo de su carta de 5 de mayo de 19__,
en la que solicita, de acuerdo con nuestro anuncio en la prensa, la posición de sastre cortador.

Estamos gratamente impresionados con los informes
que nos ofrece en la misma.  Con mucho gusto lo
recibiremos, para la entrevista, el próximo lunes,
a las once de la mañana.  Por favor, no olvide
traer las cartas de recomendación de que nos habla en su carta.

Muy atentamente,

Sastrería "Oscar"

Guillermo González Rey
Gerente

GGR/rr.

SASTRERIA "OSCAR"
Duarte, 875
Santo Domingo, R. D.

♦ Un modelo individual para cada cliente ♦

9 de mayo de 19__

Sr. José Plá Godoy
Santomé, 221
Santo Domingo

Señor:

Acusamos recibo de su carta de 5 de mayo de 19__, en la que solicita la plaza de sastre cortador.

Aunque gratamente impresionados con los informes que nos ofrece en la misma, tenemos que informarle que, precisamente, el propio día 5 de mayo fue cubierta dicha posición.

Agradeciéndole mucho el interés tomado por Ud. para trabajar con nosotros, quedamos muy atentamente,

Sastrería "Oscar"

Guillermo González Rey
Gerente

GGR:rr

**DR. ANDRÉS MORALES DEL CASTILLO**
Vía España, 258
Panamá

26 de mayo de 19__

Dr. Jacobo Ledón
Ave. Manuel Espinosa, 33
Panamá

Mi querido Jacobo:

La irreparable pérdida de tu querido padre, q.e.p.d., ha conmovido profundamente nuestros sentimientos.  No es fácil poder expresar el hondo dolor que nos embarga.

Fue tu padre un gran amigo y un excelente ciudadano que gozó siempre del afecto y consideración de todos.

Ante estos inevitables golpes sólo cabe la resignación cristiana.  Elevemos al Señor nuestras oraciones por su descanso.

Recibe nuestro pésame más sentido, con el ruego de que hagas llegar este mensaje de condolencia a tu muy estimada familia.

Un fuerte abrazo,

Andrés

P.D.
Conchita ofrecerá, en su memoria, una Misa en la Iglesia de Santa María, el sábado 31 a las 10 a.m.

VALE

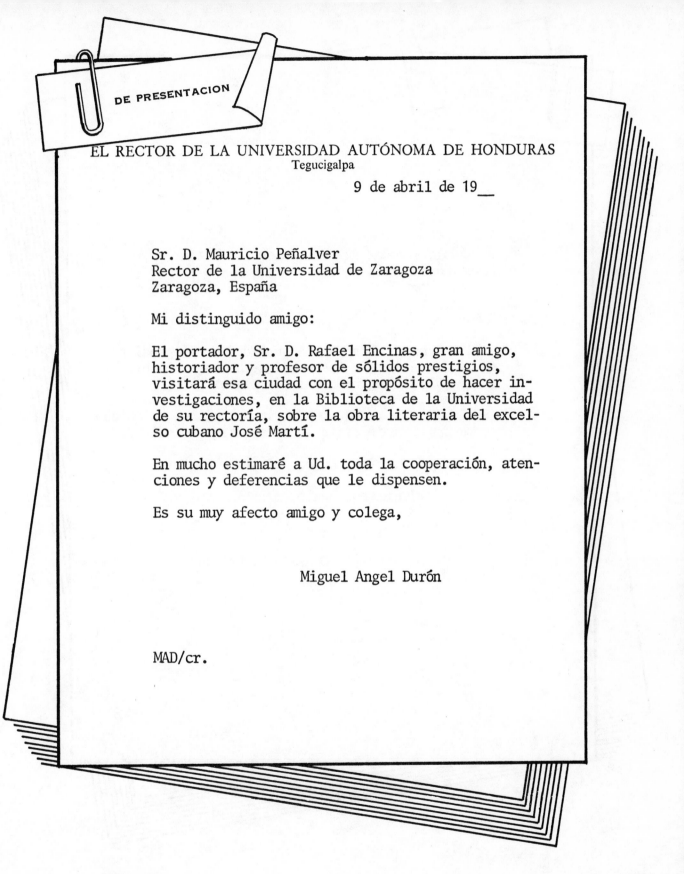

DE PRESENTACION

EL RECTOR DE LA UNIVERSIDAD AUTÓNOMA DE HONDURAS
Tegucigalpa

9 de abril de 19__

Sr. D. Mauricio Peñalver
Rector de la Universidad de Zaragoza
Zaragoza, España

Mi distinguido amigo:

El portador, Sr. D. Rafael Encinas, gran amigo,
historiador y profesor de sólidos prestigios,
visitará esa ciudad con el propósito de hacer investigaciones, en la Biblioteca de la Universidad
de su rectoría, sobre la obra literaria del excelso cubano José Martí.

En mucho estimaré a Ud. toda la cooperación, atenciones y deferencias que le dispensen.

Es su muy afecto amigo y colega,


                        Miguel Angel Durón



MAD/cr.

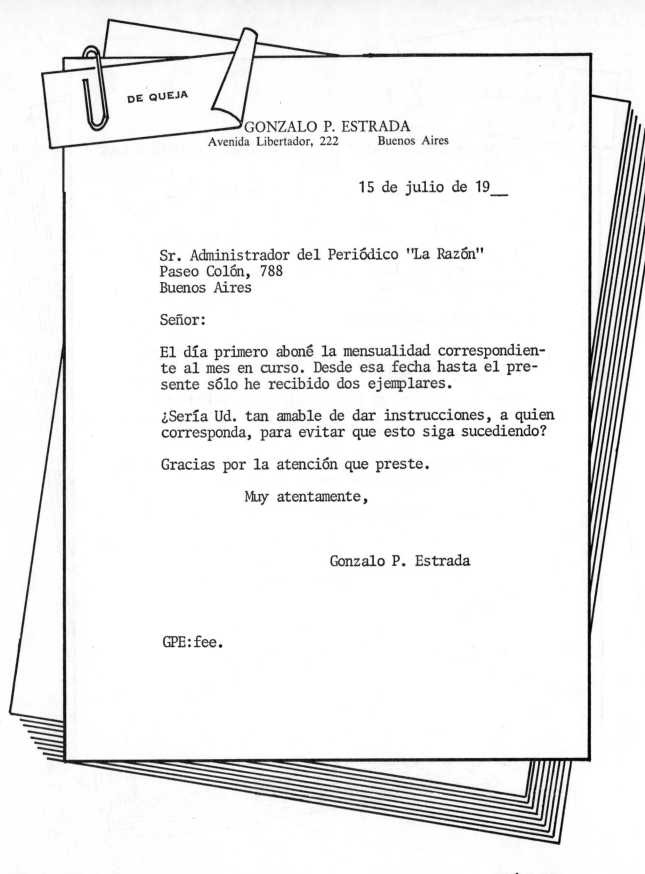

DE QUEJA

GONZALO P. ESTRADA
Avenida Libertador, 222    Buenos Aires

15 de julio de 19__

Sr. Administrador del Periódico "La Razón"
Paseo Colón, 788
Buenos Aires

Señor:

El día primero aboné la mensualidad correspondiente al mes en curso. Desde esa fecha hasta el presente sólo he recibido dos ejemplares.

¿Sería Ud. tan amable de dar instrucciones, a quien
corresponda, para evitar que esto siga sucediendo?

Gracias por la atención que preste.

Muy atentamente,


Gonzalo P. Estrada



GPE:fee.

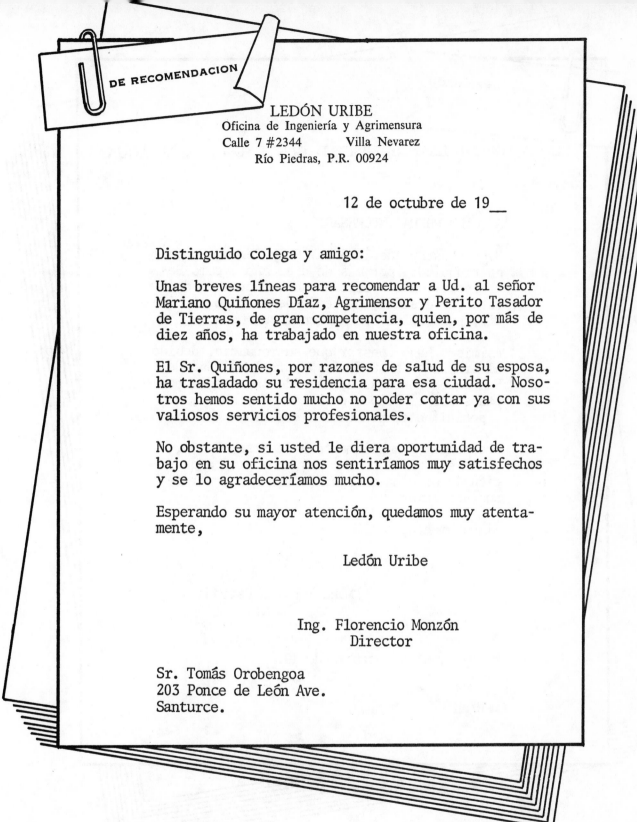

LEDÓN URIBE
Oficina de Ingeniería y Agrimensura
Calle 7 #2344        Villa Nevarez
Río Piedras, P.R. 00924

12 de octubre de 19__

Distinguido colega y amigo:

Unas breves líneas para recomendar a Ud. al señor Mariano Quiñones Díaz, Agrimensor y Perito Tasador de Tierras, de gran competencia, quien, por más de diez años, ha trabajado en nuestra oficina.

El Sr. Quiñones, por razones de salud de su esposa, ha trasladado su residencia para esa ciudad. Nosotros hemos sentido mucho no poder contar ya con sus valiosos servicios profesionales.

No obstante, si usted le diera oportunidad de trabajo en su oficina nos sentiríamos muy satisfechos y se lo agradeceríamos mucho.

Esperando su mayor atención, quedamos muy atentamente,

Ledón Uribe

Ing. Florencio Monzón
Director

Sr. Tomás Orobengoa
203 Ponce de León Ave.
Santurce.

## EL RECTOR DE LA UNIVERSIDAD CENTRAL DE NICARAGUA

A QUIEN PUEDA INTERESAR:

Hago constar que la Srta. Roxy Teresa Román
ha trabajado, por más de diez años, como Secretaria, en las oficinas del rectorado de
esta Universidad, habiendo demostrado eficien-
cia, puntualidad y excelente conducta.

Asimismo hago constar que su renuncia, debido
al traslado de su familia para la ciudad de
San José, Costa Rica, ha sido lamentada  por
todos los empleados de estas oficinas y, muy
especialmente, por el que suscribe.

Recomendamos ampliamente a la Srta. Román,
el la seguridad de que hará una gran adquisi-
ción la oficina o departamento que contrate
sus servicios.

Sinceramente,


                    Manuel Palma Estrada
                    Rector


Managua, 21 de octubre de 19__


MPE/ah

Alumno:...................................................................Fecha............................................

1.—¿A qué llamamos una carta social?

2.—¿Requiere la carta social un papel de tamaño determinado?

3.—Generalmente, ¿cuáles son las dimensiones de los sobres para las cartas sociales?

4.—Escriba, a continuación, una carta social de felicitación:

5.—Escriba, a continuación, una carta de gratitud por un servicio prestado:

6.—Escriba, a continuación, el texto de una carta social de invitación:

Capítulo VII

Alumno:.........................................................................................Fecha.......................................................

7.—Escriba, a continuación, el texto, de una carta de información sobre el **Plan** de Estudios de los Cursos Secretariales:

8.—Redacte una invitación para boda con los datos siguientes:

Padres de la novia: José Alvarez de la Campa y Caridad Pérez Zúñiga
Padres del novio: Benicio Ríos Riera y Gertrudis Balmisa Valladares
Novia: Concepción
Novio: Esteban
Fecha de la boda: Domingo 6 de enero de 19——, a las 8 de la noche.
Iglesia: Iglesia Católica de la Divina Pastora
        Santa Clara, California
Recepción: Gran Hotel
        Vidal, 25

Alumno:................................................................................................Fecha................................................

9.—Escriba, a continuación, el texto de una carta de aceptación de invitación, sobre los datos siguientes:

Conferencia sobre "Enrique José Varona: el filósofo del escepticismo creador"
Conferenciante: Gabriela Mistral
Fecha y hora: 12 de octubre de 19——— a las 9 de la noche
Lugar: Teatro Nacional, San José, Costa Rica.

10.—Escriba, a continuación, el texto de una carta de excusa, sobre los mismos datos consignados para la carta anterior:

Capítulo VII

Ejercicio Núm................

Alumno:......................................................................Fecha.......................................................

**11.**—Escriba, a continuación, una carta de ofrecimiento de servicios, sobre los datos siguientes:

Camarero para servir en banquetes.
Cinco años de experiencia en los Hoteles "Doral" y "Topsail" de Punta del Este.
Cartas de referencias.

12.—Escriba, a continuación, una carta de aceptación de ofrecimiento de servicios, sobre los mismos datos de la carta anterior:

Alumno:........................................................................................Fecha....................................................

13.—Escriba, a continuación, una carta de no aceptación de ofrecimiento de servicios, sobre los mismos datos consignados en la pregunta núm. 11:

14.—Escriba una carta de pésame sobre los datos siguientes:

Destinatario: Presidente de una Compañía.
Remitente: Un empleado de la Compañía.
Persona que ha muerto: la esposa del Presidente de la Compañía.
Relaciones entre el remitente y el destinatario: cordiales, de sincera amistad.
Religión de ambos: Católica.

Alumno:...................................................................................................................Fecha...........................................................

15.—Escriba a continuación, sobre los datos que se expresan, una carta de presentación:

Destinatario: Jefe del Departamento de Ventas de la Ferretería La Campana.
Remitente: Gerente de la Ferretería F. García y Cía.
Portador de la carta: Gonzalo Estrada Díaz, ex-jefe del Departamento de Ventas de la Ferretería El Mauser, con experiencia de siete años.
Motivo: Demostración, por el Sr. Estrada, de un sistema práctico, original, para el control diario de las ventas.

16.—Responda a la carta de queja que aparece en el texto dirigida al Administrador del Periódico "La Razón" de Buenos Aires. Destacar en la respuesta el mensaje de "buena voluntad" ("goodwill") que contiene.

17.—Responda a la carta de recomendación que aparece en el texto, dirigida al Sr. Tomás Orobengoa, de Santurce, Puerto Rico: (En la respuesta expresar que, en esos momentos, **no hay** posición abierta en la Oficina de Ingeniería y Agrimensura, pero expresarlo en forma tal que predomine en la comunicación el espíritu de "buena voluntad").

**Las cartas comerciales: De acuse de recibo. De solicitud de empleo. De renuncia. De solicitud para un certificado de servicios. De solicitud para un documento oficial. De solicitud de crédito. De concesión de crédito. De no concesión de crédito. Carta orden de crédito. Carta orden de crédito mancomunada. De petición de prórroga para el pago. Carta de pago o de confirmación de pago. De cobro (aislada). De cobro en serie: 1 - 2 - 3 - 4. De cotización. De pedido. De confirmación de pedido. De discontinuación de mercancías. De consignación. De envío de factura. De devolución de factura. De petición de referencias. De referencias comerciales favorables. De referencias comerciales desfavorables. De estímulo. De autorización. De cancelación. De reclamación. De reclamación: respuesta. De rectificación de saldo. De propaganda. Carta circular. Carta colectiva. Carta fórmula o formulario. Solicitud de catálogos. La factura consular. El conocimiento de embarque. La declaración arancelaria. La póliza de seguro.**

## LAS CARTAS COMERCIALES

Todo mensaje escrito con un propósito comercial: solicitud de entrevista; solicitud de crédito; de oferta de venta; de pedido; de cotización; de cobro; de envío de factura; de rectificación de saldo; de referencias comerciales..., es, sencillamente, una carta comercial.

En consecuencia, los tipos de cartas comerciales varían según la naturaleza, estructura o contenido de las mismas.

En este capítulo, específico sobre las cartas comerciales, estudiamos —sobre bases reales y efectivas— una amplia variedad de cartas.

Estas cartas pueden ser clasificadas en grupos o unidades atendiendo al propósito del mensaje, por ejemplo: las cartas de oferta de venta, las de estímulo, las de propaganda, las circulares, las de cambio de razón social, las de aviso de visita ... encajan en el grupo o unidad que podemos llamar **de relaciones públicas**; las de pedido, las de consignación, las de envío de factura, las de cargo indebido, las de primas de seguro, las de reclamación, las de retrasos de entrega ... caen el grupo o unidad que podemos llamar **de venta**; las de referencias comerciales o personales, las de requisitos aduanales o declaraciones consulares, las de solicitud de información, las de notificación de cambios ... encajan en la unidad o grupo que podemos denominar **de aspectos múltiples.**

Y ¿cómo interpretar ese factor psicológico que es, además, factor fundamental en las relaciones mercantiles?

1. La calidad del producto.
2. La presentación del producto.
3. El servicio eficiente: atención, cortesía, confianza.
4. Las cordiales relaciones públicas.

En todas las cartas comerciales ha de estar presente ese factor psicológico que determina el gran éxito de una empresa: la buena voluntad, o sea, lo que en inglés se conoce por "goodwill".

Ya en la parte primera sobre "Análisis y Teoría de la Correspondencia" hemos señalado las características fundamentales de la correspondencia comercial moderna, tanto en el fondo como en la forma.

No obstante, en este capítulo, vamos a insistir —por la importancia que tiene— en esos aspectos fundamentales que hacen posible que la carta comercial cumpla a cabalidad su función: 1. Informar, 2. Influir, 3. Persuadir.

La carta comercial debe ser breve, clara, completa, cortés, interesante, articulada, es decir, que las ideas expresadas en cada párrafo mantengan cohesión, y, fundamentalmente, que en la misma no se cometan errores sintácticos ni ortográficos.

Toda carta comercial requiere un planeamiento previo. En otras palabras, la carta comercial no debe ser obra de la improvisación.

El plan, que no puede ser rígido sino flexible, debe atender a los aspectos siguientes:

1. El motivo. ¿Por qué deseamos o debemos escribir la carta?
2. El mensaje. ¿Qué es lo que necesitamos decir?
3. La ordenación. ¿En qué orden debemos transmitir el mensaje?
4. La redacción. Confección del borrador.
5. Evaluación crítica. Correcciones —si son necesarias— en el borrador
6. Presentación: forma o copia mecanográfica.

### DE ACUSE DE RECIBO

Uno de los tipos de cartas de más uso en la vida comercial o profesional es el ACUSE DE RECIBO (ACKNOWLEDGING RECEIPT OF LETTER). Estas cartas pueden ser, como en el ejemplo de la página siguiente, referidas a una solicitud de empleo, o a un pedido, o a mercancías que se hayan recibido, o a documentos... etc. A continuación desglosamos la carta indicando posibles oraciones si se necesita escribir en inglés.

1 **ACUSAMOS RECIBO DE SU GRATA SOLICITUD DE EMPLEO.**

We acknowledge receipt of your letter-inquiry of employment.

2 **ACTUALMENTE TENEMOS ABIERTAS DOS POSICIONES: AGENTE ADUANAL Y AGENTE VIAJERO.**

Presently, we have two positions open: Customs agent and Traveling agent.

3 **POR FAVOR, ENVIENOS UNA TRANSCRIPCIÓN O CERTIFICACION DE SUS ESTUDIOS DE EDUCACIÓN SUPERIOR.**

Please, send us a transcript or certification of your studies in higher education.

4 **HEMOS TOMADO DEBIDA NOTA DE QUE UD. TIENE EXPERIENCIA COMO CORREDOR O AGENTE DE CAMBIOS Y ES, ADEMÁS, BILINGÜE.**

We have taken due note that you have experience as an Exchange broker and that besides you are bilingual.

5 **ESPERANDO HABLAR CON UD. EN UN FUTURO MUY PRÓXIMO, QUEDAMOS MUY ATENTAMENTE, CON TODA CONSIDERACIÓN,**

Awaiting the pleasure of talking with you in the very near future, we remain, with full consideration,

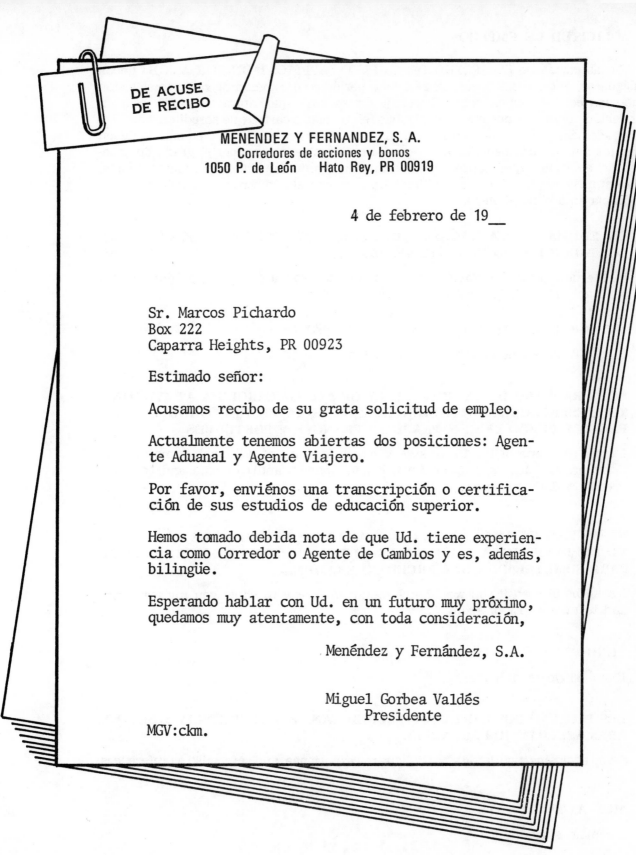

DE ACUSE
DE RECIBO

**MENÉNDEZ Y FERNANDEZ, S. A.**
Corredores de acciones y bonos
1050 P. de León    Hato Rey, PR 00919

4 de febrero de 19__

Sr. Marcos Pichardo
Box 222
Caparra Heights, PR 00923

Estimado señor:

Acusamos recibo de su grata solicitud de empleo.

Actualmente tenemos abiertas dos posiciones: Agente Aduanal y Agente Viajero.

Por favor, enviénos una transcripción o certificación de sus estudios de educación superior.

Hemos tomado debida nota de que Ud. tiene experiencia como Corredor o Agente de Cambios y es, además, bilingüe.

Esperando hablar con Ud. en un futuro muy próximo, quedamos muy atentamente, con toda consideración,

Menéndez y Fernández, S.A.

Miguel Gorbea Valdés
Presidente

MGV:ckm.

# DE SOLICITUD DE EMPLEO

En las cartas de SOLICITUD DE EMPLEO (APPLICATION FOR A JOB) deben consignarse, entre otras cosas, la revista o periódico o estación de radio o televisión donde apareció el anuncio sobre el trabajo o posición a que aspira, un breve resumen en relación con sus conocimientos, algunas referencias o cartas que acrediten experiencia, y, además, solicitar una entrevista. La carta debe ser corta, pero en ella no deben faltar los datos fundamentales que permitan al empleador conocer el grado de capacidad del aspirante y, en consecuencia, despertar el interés para obtener la entrevista. Si la empresa requiere personal bilingüe le conviene al aspirante redactar su correspondencia en ambos idiomas.

6 **EN EL DIARIO "LA NACIÓN" HE LEÍDO QUE USTEDES SOLICITAN UN CONTADOR BILINGÜE: INGLÉS-ESPAÑOL.**

In the newspaper **La Nación**, I have read that you are seeking a bilingual accountant: English-Spanish.

7 **ME AGRADARÍA MUCHO TRABAJAR CON USTEDES.**

It would please me greatly to work with you.

8 **SOY GRADUADO DE LA UNIVERSITY OF NORTH CAROLINA AT WILMINGTON, ESPECIALIZADO EN CIENCIAS COMERCIALES. HABLO INGLÉS Y ESPAÑOL Y PUEDO LEER Y TRADUCIR FRANCÉS Y PORTUGUÉS.**

I am a graduate of the University of North Carolina at Wilmington, majoring in Commercial Sciences. I speak English and Spanish and can read and translate French and Portuguese.

9 **EN MUCHO ESTIMARÉ ME CONCEDAN LA OPORTUNIDAD DE UNA ENTREVISTA, TANTO PARA MOSTRARLES MI EXPEDIENTE DE ESTUDIOS COMO PARA SOMETERME A UNA PRUEBA O EXAMEN.**

I shall be pleased if you would give me an interview to show you my transcript and to take a test or exam.

10 **TENGO 26 AÑOS, SOY CASADO.**

I am 26 years old, married.

11 **LES INCLUYO DOS CARTAS QUE ACREDITAN MI EXPERIENCIA Y SIRVEN, ADEMÁS, COMO REFERENCIAS.**

I am enclosing two letters that show my experience, and serve also as references.

12 **MUY ATENTAMENTE**

I remain sincerely,

Buenos Aires, 9 de agosto de 19__

Sres. Francisco Rueda y Cía
Empresa Constructora
Vicente López, 250
Buenos Aires

Señores:

En el Diario <u>La Nación</u> he leído que Udes. solicitan un Contador bilingüe: inglés-español.

Me agradaría mucho trabajar con ustedes.

Soy graduado de University of North Carolina at Wilmington, especializado en Ciencias Comerciales. Hablo inglés y español y puedo leer y traducir francés y portugués.

En mucho estimaré me concedan la oportunidad de una entrevista, tanto para mostrarles mi expediente de estudios como para someterme a una prueba o examen.

Tengo 26 años, soy casado.

Les incluyo dos cartas que acreditan mi experiencia y sirven, además, como referencias.

Muy atentamente,

Ramón Méndez Jorge

Lavalleja, 2345
Buenos Aires.

## DE RENUNCIA

Las cartas DE RENUNCIA (LETTERS OF RESIGNATION) deben expresar, concretamente, el motivo que determina la decisión. La cortesía es fundamental en este tipo de carta.

**13 POR RAZONES DE SALUD ME VEO OBLIGADO A RENUNCIAR DEL CARGO DE SECRETARIO QUE HE VENIDO DESEMPEÑANDO DESDE HACE CINCO AÑOS.**

For reasons of health, I find myself obligated to resign my position of secretary which I have held for the past five years.

**14 ESTA DIMISIÓN ME CAUSA HONDA PENA PORQUE SIEMPRE HE ENCONTRADO EN UD. Y EN LOS MIEMBROS DE LA ADMINISTRACIÓN EL MÁS SINCERO Y CORDIAL TRATO.**

This resignation produces in me deep sorrow because I always had with you and the members of the administration a most sincere and cordial relationship.

**15 SIN DUDA, EN MUCHO LOS EXTRAÑARÉ.**

Without doubt, I will miss you greatly.

**16 GRACIAS POR TODAS LAS ATENCIONES QUE SIEMPRE ME HAN DISPENSADO.**

Thank you for all the attentions that you have always given to me.

**17 CON LA MAYOR CONSIDERACIÓN,**

With the greatest consideration,

Rivas, 30 de mayo de 19__


Sr. Presidente de la Compañía Lechera "Guarina"
Avenida Rubén Darío, 877
León

Estimado señor Presidente:

Por razones de salud me veo obligado a renunciar del cargo de Secretario que he venido desempeñando desde hace cinco años.

Esta dimisión me causa honda pena porque siempre he encontrado en Ud. y en los miembros de la Administración el más sincero y cordial trato.

Sin duda, en mucho los extrañaré.

Gracias por todas las atenciones que siempre me han dispensado.

Con la mayor consideración,


Juan Quiñones Rodríguez del Rey


Independencia, 344
Rivas, Nicaragua, C.A.

México, D.F., 18 de septiembre de 19__

Sr. Presidente de Papelera Comercial, S.A.
Ave. Uruguay, 344
México, D.F.

Señor:

El que suscribe, José P. González, con domicilio
en Paseo de la Reforma, 455 en esta ciudad, ex
Jefe del Departamento de Contabilidad de esa empresa, viene por la presente a solicitar se le
extienda certificación acreditativa del tiempo de
servicios prestados a la misma, a los efectos de
poderlo acreditar ante la Comisión de Retiro.

Al efecto, ruega a Ud., dé las órdenes oportunas
para que se consignen en dicha certificación los
haberes recibidos durante los últimos cinco años.

Con la mayor consideración,


José P. González

Caracas, 20 de enero de 19__

Sr. Ministro de Educación
Ministerio de Educación
Caracas

Honorable Señor:

La que suscribe, Dra. María de los Angeles Pérez
Díaz, domiciliada en Avenida Las Palmas, 678, en
la ciudad de Valencia, Estado de Carabobo, ruega
a Ud. se le extienda certificación oficial de los
servicios prestados a ese Ministerio como Jefe
del Negociado de Escuelas Técnicas Industriales,
con expresión de los haberes devengados.

Incluye, de acuerdo con lo que dispone la Ley, los
sellos de Timbre Nacional, así como el importe de
los derechos fiscales previstos en la misma.

Muy respetuosamente,


María de los Angeles Pérez Díaz


Anexos:
Cuatro sellos del Timbre Nacional por valor
de 10 Bolívares.  Giro postal No. B-2344456
por valor de 25 Bolívares.

## DE SOLICITUD DE CRÉDITO

El crédito es la reputación de solvencia. Por él se adquiere algo que se paga más tarde.

Por la solvencia o reputación crediticia se hacen las concesiones de créditos.

Las CARTAS DE SOLICITUD DE CRÉDITO (LETTERS OF APPLICATION FOR CREDIT) deben caracterizarse por su claridad y veracidad.

El deudor ofrece su garantía personal, es decir, su reputación.

La garantía colateral está representada por sus bienes raíces, dinero en bancos, sueldos, acciones, etc.

**18 TENGO EL GUSTO DE INCLUIRLE EL FORMULARIO QUE ESTE BANCO DISTRIBUYE —CON TODOS LOS DATOS REQUERIDOS— POR EL QUE SOLICITO UN CRÉDITO A MI NOMBRE POR LA CANTIDAD DE 50,000 LEMPIRAS, POR 36 MESES.**

Herewith, I enclose the questionnaire your bank distributes for loans. With it, I am asking for a loan for 50,000 lempiras to be paid in 36 months.

**19 EN ESPERA DE SUS NOTICIAS AL RESPECTO, QUEDO MUY ATENTAMENTE,**

Awaiting your news, I remain sincerely,

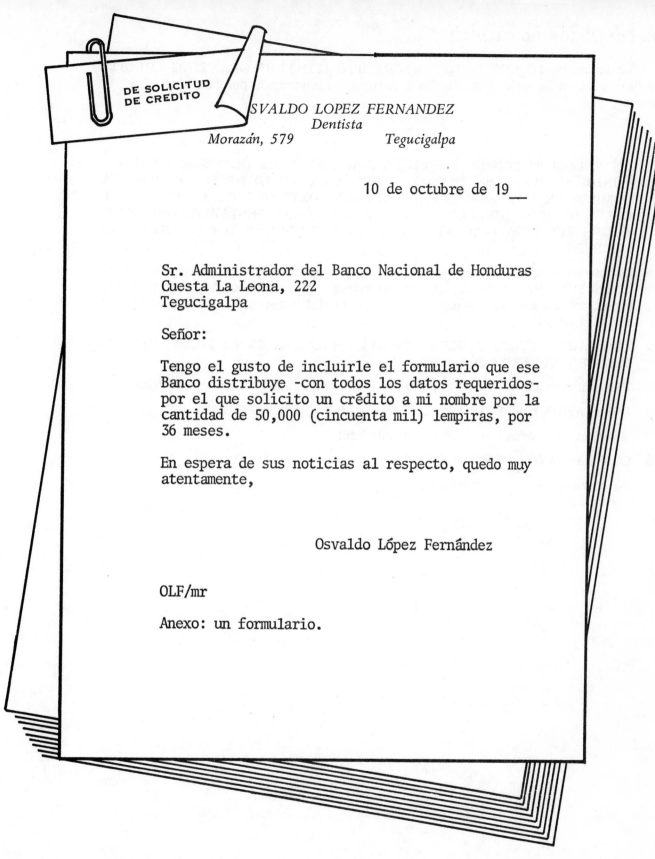

OSVALDO LOPEZ FERNANDEZ
*Dentista*

*Morazán, 579*          *Tegucigalpa*

10 de octubre de 19__

Sr. Administrador del Banco Nacional de Honduras
Cuesta La Leona, 222
Tegucigalpa

Señor:

Tengo el gusto de incluirle el formulario que ese
Banco distribuye -con todos los datos requeridos-
por el que solicito un crédito a mi nombre por la
cantidad de 50,000 (cincuenta mil) lempiras, por
36 meses.

En espera de sus noticias al respecto, quedo muy
atentamente,

Osvaldo López Fernández

OLF/mr

Anexo: un formulario.

## DE CONCESIÓN DE CRÉDITO

En las cartas DE CONCESIÓN DE CRÉDITO (LETTERS GRANTING CREDIT) se deja constancia, en forma sencilla y natural, de la garantía personal que ofrece el deudor.

20 **EN RELACIÓN CON SU CARTA, FECHADA EL 29 DE OCTUBRE DE 19——, DONDE SOLICITA UN CRÉDITO POR LA CANTIDAD DE $10,000 PARA LA COMPRA DE MATERIALES PARA REPARACIONES EN EL EDIFICIO DEL COLEGIO DE SU DIRECCIÓN, NOS ES GRATO MANIFESTARLES QUE ACEPTAMOS SUS REFERENCIAS BANCARIAS Y CONCEDEMOS A USTED DICHO CRÉDITO.**

In reference to your letter, of October 29, 19——, where you asked us for a loan of $10,00 to buy materials for the remodeling of the school building that you direct, we are greatly pleased to accept your bank references and extend to you the said credit.

21 **LOS PAGOS AMORTIZABLES DEBERÁN HACERSE EN LA FORMA ESTIPULADA EN NUESTRO FORMULARIO.**

The amortizable payments must be made in the manner stated in our form.

22 **ESPERAMOS SU PEDIDO PARA SERVIRLO INMEDITAMENTE.**

Awaiting your order to serve you immediately.

23 **CON LA MAYOR CONSIDERACIÓN,**

With the greatest consideration,

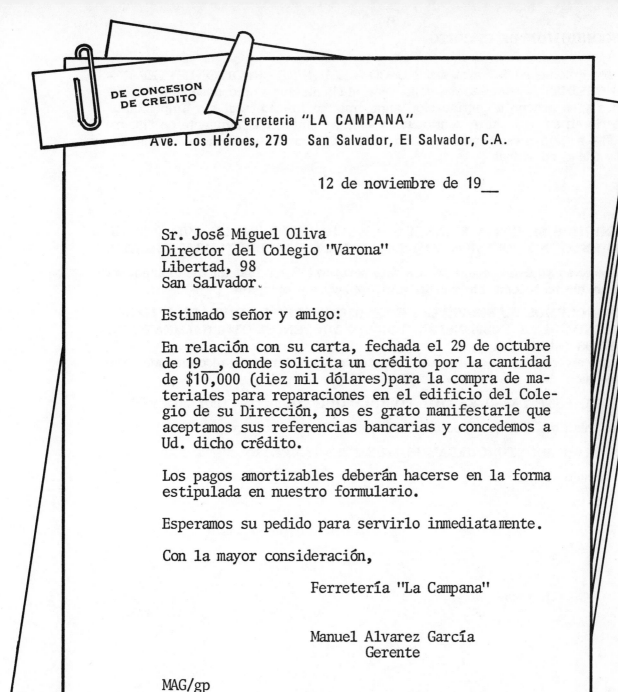

DE CONCESION
DE CREDITO

Ferreteria "LA CAMPANA"
Ave. Los Héroes, 279   San Salvador, El Salvador, C.A.

12 de noviembre de 19__

Sr. José Miguel Oliva
Director del Colegio "Varona"
Libertad, 98
San Salvador.

Estimado señor y amigo:

En relación con su carta, fechada el 29 de octubre
de 19__, donde solicita un crédito por la cantidad
de $10,000 (diez mil dólares)para la compra de ma-
teriales para reparaciones en el edificio del Colegio de su Dirección, nos es grato manifestarle que
aceptamos sus referencias bancarias y concedemos a
Ud. dicho crédito.

Los pagos amortizables deberán hacerse en la forma
estipulada en nuestro formulario.

Esperamos su pedido para servirlo inmediatamente.

Con la mayor consideración,

Ferretería "La Campana"


Manuel Alvarez García
Gerente

MAG/gp

## DE NO CONCESIÓN DE CRÉDITO

Observar como en la carta DE NO CONCESIÓN DE CRÉDITO (LETTER RE-FUSING CREDIT) se expresa, con delicadeza, al cliente que se reconoce su solvencia económica y se expone a continuación algún motivo fundamental que imposibilita complacerlo en su petición. A continuación —para mantener el ambiente de "buena voluntad"— se le dan esperanzas para un futuro, sin comprometerse a hacerlo la empresa o entidad comercial.

**24 RECIBIMOS SU CARTA Y SENTIMOS MUCHO EXPRESARLE QUE, POR EL MOMENTO, NO PODEMOS COMPLACERLO EN SU SOLICITUD DE CRÉDITO.**

We received your letter and we are very sorry to tell you that for the moment we are unable to accomodate you in your application for credit.

**25 RECONOCEMOS SU SOLVENCIA ECONÓMICA PERO LA DIRECCIÓN HA RE-COMENDADO LA SUSPENSIÓN, POR UN AÑO, EN EL OTORGAMIENTO DE NUEVOS CRÉDITOS.**

We are aware of your good credit, but the management has recommended the suspension, for a year, in the acceptance of new loans.

**26 PASADO ESTE LAPSO ES MUY POSIBLE QUE PODAMOS COMPLACERLO.**

After this time, it is very possible that we may be able to serve you.

**27 SIN OTRO ASUNTO, QUEDAMOS MUY ATENTAMENTE,**

We remain very sincerely,

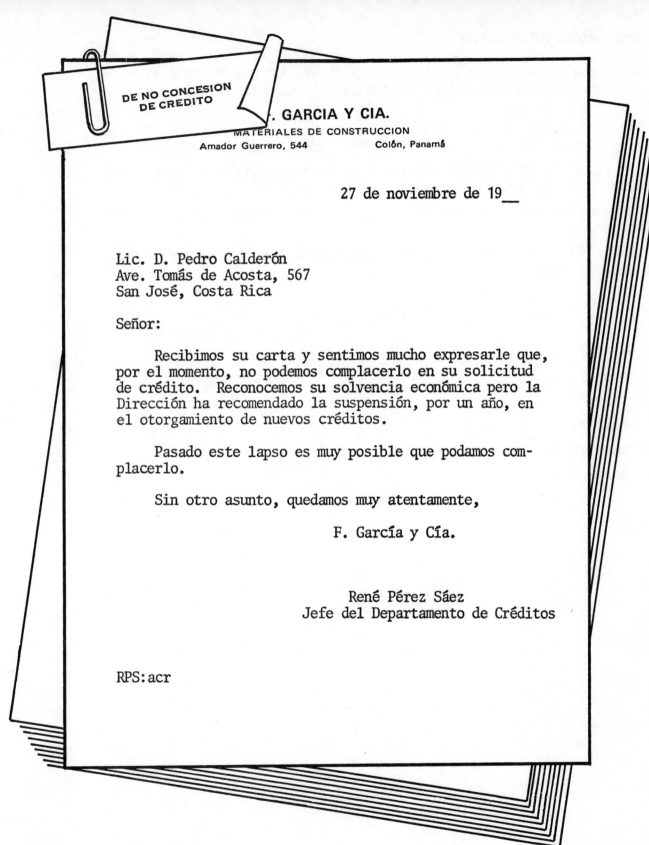

DE NO CONCESION
DE CREDITO

**F. GARCIA Y CIA.**
MATERIALES DE CONSTRUCCION
Amador Guerrero, 544          Colón, Panamá

27 de noviembre de 19__

Lic. D. Pedro Calderón
Ave. Tomás de Acosta, 567
San José, Costa Rica

Señor:

Recibimos su carta y sentimos mucho expresarle que, por el momento, no podemos complacerlo en su solicitud de crédito. Reconocemos su solvencia económica pero la Dirección ha recomendado la suspensión, por un año, en el otorgamiento de nuevos créditos.

Pasado este lapso es muy posible que podamos complacerlo.

Sin otro asunto, quedamos muy atentamente,

F. García y Cía.

René Pérez Sáez
Jefe del Departamento de Créditos

RPS:acr

## CARTA ORDEN DE CRÉDITO

Otro tipo de carta de crédito es la llamada CARTA ORDEN DE CRÉDITO que es muy usada por los turistas, viajantes comerciales, representantes de firmas mercantiles, etc.

Es un documento que va dirigido a una entidad comercial, ya del extranjero, ya de otra ciudad del país en que está establecido el comerciante que la suscribe.

En la carta se solicita que se entregue al portador una suma determinada de dinero, lo que podrá ser hecho en forma parcial o en forma total.

El portador, al recibir cualquier cantidad de dinero, debe firmar el correspondiente recibo.

Estos recibos serán remitidos al comerciante que otorga el crédito, para el reembolso que procede.

28  **PORTADOR**

Bearer

29  **GASTOS**

Expenses

30  **REINTEGRO**

Reimbursement

ABASTECEDORA MEXICANA DE PAPELES "GUARRO"
Ave. Cuauhtemoc, 444
Mexico, D. F.

21 de abril de 19__

Sres. Camacho, Mesa y Cía.
Vía España, 876
Panamá, C.A.

Estimados señores:

Nuestro representante, Sr. Agustín Saul Palmer, portador de esta carta orden de crédito, visitará las principales ciudades de Panamá para la expansión de nuestros negocios en esa.

Todos los gastos que, en el desempeño de esta función, él tenga, serán cubiertos con las cantidades que Udes. le facilitarán, previo recibo, hasta la cifra de cinco mil dólares ($5,000.00).

Este crédito al Sr. Palmer estará vigente hasta el propio 30 de septiembre de 19__.

Por favor, remitan periódicamente los correspondientes recibos firmados por nuestro representante para el reintegro de las cantidades entregadas.

El Sr. Palmer va provisto de una tarjeta de identificación. En mucho agradeceremos las atenciones que le dispensen.

Muy cordialmente a sus órdenes,

Agustín Saul Palmer             César Eduardo Cárdenas
        Portador                        Gerente

## CARTA ORDEN DE CRÉDITO MANCOMUNADA

CARTA ORDEN DE CRÉDITO MANCOMUNADA es aquella que se otorga al representante o viajante que ha de visitar distintas ciudades o países.

Estas cartas resultan complicadas. Salvo en casos especiales no son recomendables.

El cheque de viajero o "traveler's check" es el sistema más usado actualmente.

Existen, además, las CARTAS DE CRÉDITO BANCARIO, extendidas por los bancos. En este caso corresponde a los bancos hacer todas las operaciones.

**31 MANCOMUN**

Jointly

**32 INTENSIFICAR**

To intensify

**33 PROVISTO**

Has with him

**CARTA ORDEN DE CREDITO MANCOMUNADA**

GISTRADORAS NACIONAL
Espinosa, 333    Panamá

21 de abril de 19__

Sr. José M. Clavell, Caracas, Venezuela
Sr. Manuel Ceballos, Quito, Ecuador
Sres. Alvarado y Cía. Lima, Perú

Estimados señores y amigos:

Nuestro socio, Sr. Alejandro Gutiérrez, portador de esta carta orden de crédito en mancomún, visitará esas ciudades y algunas otras de esos países con el propósito de intensificar nuestras ventas.

En mucho estimaremos a Udes. le faciliten hasta la cifra de diez mil dólares ($10,000) en mancomún. Nuestro socio firmará los correspondientes recibos y Udes. cargarán las cantidades que entreguen a nuestra cuenta.

El Sr. Gutiérrez va provisto de una tarjeta de identificación. En mucho agradeceremos las atenciones que le dispensen.

Muy cordialmente a sus órdenes,

Registradoras Nacional


Alejandro Gutiérrez            Ricardo Pérez
Portador                       Gerente


RP:hha

## DE PETICIÓN DE PRÓRROGA PARA EL PAGO

La carta DE PETICIÓN DE PRÓRROGA PARA EL PAGO (LETTER REQUESTING EXTENSION OF PAYMENT) debe ser breve y clara. Comenzará reconociendo la fecha en que la cantidad que se adeuda debe ser pagada. Y a continuación —sin entrar en detalles específicos— expresar la imposibilidad de realizar el pago en la fecha acordada, pero, a renglón seguido, señalar la fecha exacta en que el referido pago será hecho.

La despedida será psicológica, amable, que refleja que está vivo el sentimiento de "buena voluntad" o "goodwill".

**34  EL DIA 30 DE MAYO DE 19— SE CUMPLIRÁ LA FECHA PARA EL PAGO DE LA FACTURA NÚMERO DK-33456 DEL MES DE FEBRERO DEL AÑO EN CURSO**

Next May 30, 19—, invoice number DK-33456 (dated February of this year) will be due.

**35  PODEROSAS RAZONES ME IMPIDEN REALIZAR ESE PAGO EN DICHA FECHA.**

Strong reasons unable me to make this payment on said date.

**36  PROMETO A USTEDES LIQUIDAR TOTALMENTE DICHA DEUDA EL 30 DE JUNIO PRÓXIMO.**

I promise to pay you in full by June 30th.

**37  ESPERANDO VUESTRA ACEPTACIÓN, QUEDO MUY CORDIALMENTE AMIGO,**

Awaiting your acceptance, I remain cordially yours,

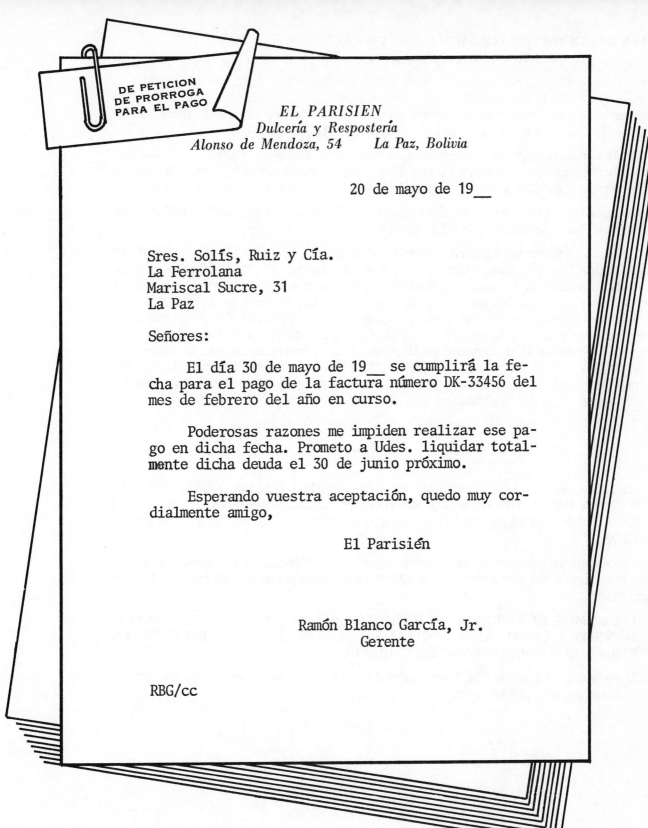

DE PETICION
DE PRORROGA
PARA EL PAGO

**EL PARISIEN**
*Dulcería y Repostería*
*Alonso de Mendoza, 54    La Paz, Bolivia*

20 de mayo de 19__

Sres. Solís, Ruiz y Cía.
La Ferrolana
Mariscal Sucre, 31
La Paz

Señores:

El día 30 de mayo de 19__ se cumplirá la fecha para el pago de la factura número DK-33456 del mes de febrero del año en curso.

Poderosas razones me impiden realizar ese pago en dicha fecha. Prometo a Udes. liquidar totalmente dicha deuda el 30 de junio próximo.

Esperando vuestra aceptación, quedo muy cordialmente amigo,

El Parisién

Ramón Blanco García, Jr.
Gerente

RBG/cc

## CARTA DE PAGO O DE CONFIRMACIÓN DE PAGO

La CARTA DE PAGO (LETTER OF PAYMENT) es aquella que lleva el instrumento para abonar, total o parcialmente, una cuenta. Este instrumento puede ser, cheque, giro postal, pagaré, letra de cambio, giro bancario, etc. Este tipo de carta debe ser contestado a la mayor brevedad posible. A esta respuesta se le llama, indistintamente, CARTA DE PAGO o DE CONFIRMACIÓN DE PAGO.

En la carta de pago, propiamente dicha, deben darse detalles específicos del instrumento utilizado para pagar, es decir, fecha, cantidad, nombre del banco o entidad que lo expide o garantiza, etc. La carta debe ser breve, pero de mucha precisión.

La carta que aparece en la siguiente página, DE CONFIRMACIÓN DE PAGO, es la respuesta al texto de esta CARTA DE PAGO:

"Instituto Comercial Nacional. Avenida José Martí, 440. Guayaquil, Ecuador. 12 de octubre de 19—. Sr. Diego Llanes Rodríguez, El Amigo del Niño, Librería. Carlos III, 45 Sur. Asunción, Paraguay. Estimado señor: Ruego a Ud. nos remita, a la mayor brevedad posible, el pedido siguiente: 200 ejemplares del libro **Mecanografía al tacto**, por Santiago Rodríguez; 100 del libro **Aritmética comercial**, por R. Pérez; 200 del libro **Caligrafía comercial y ornamental**, por Francisco Monteagudo. Incluímos cheque número 2444, de fecha 11 de octubre de 19—, del Banco Internacional de Ecuador, Sucursal de Guayaquil, por la cantidad de $1,420.00 dólares, como pago anticipado. En espera del correspondiente recibo y demás documentos, quedamos muy atentamente, Lic. Pedro M. Ríos, Director."

38 RECIBIMOS AYER SU CARTA DE PEDIDO DE FECHA 12 DE OCTUBRE ACOMPAÑADA DE UN CHEQUE DEL BANCO INTERNACIONAL POR LA CANTIDAD DE $1420.00 DÓLARES, COMO PAGO ANTICIPADO. AGRADECEMOS SU ATENCIÓN.

Yesterday we received your order of October 12. It included a check from the International Bank, for the amount of $1420.00, as advance payment. We appreciate your attention.

39 INCLUÍMOS EL CORRESPONDIENTE RECIBO ASÍ COMO LAS FACTURAS COMERCIAL Y CONSULAR, LA PÓLIZA DE SEGURO, LICENCIA DE IMPORTACIÓN Y EL CONOCIMIENTO DE EMBARQUE.

Here with, we enclose our receipt, the invoices, the insurance policy, the import license and the bill of lading.

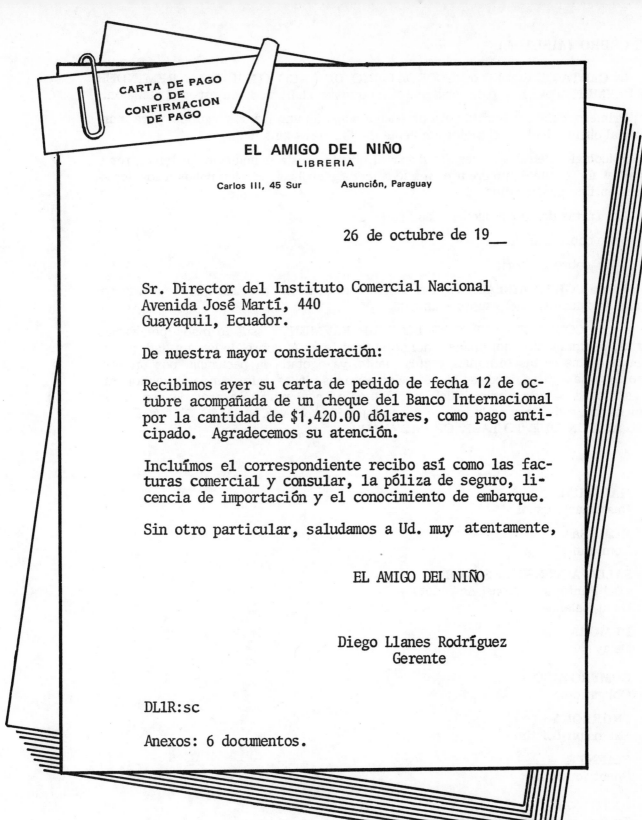

CARTA DE PAGO
O DE
CONFIRMACION
DE PAGO

## EL AMIGO DEL NIÑO
### LIBRERIA

Carlos III, 45 Sur          Asunción, Paraguay

26 de octubre de 19__

Sr. Director del Instituto Comercial Nacional
Avenida José Martí, 440
Guayaquil, Ecuador.

De nuestra mayor consideración:

Recibimos ayer su carta de pedido de fecha 12 de octubre acompañada de un cheque del Banco Internacional
por la cantidad de $1,420.00 dólares, como pago anti-
cipado.  Agradecemos su atención.

Incluímos el correspondiente recibo así como las facturas comercial y consular, la póliza de seguro, licencia de importación y el conocimiento de embarque.

Sin otro particular, saludamos a Ud. muy atentamente,

EL AMIGO DEL NIÑO

Diego Llanes Rodríguez
Gerente

DL1R:sc

Anexos: 6 documentos.

## DE COBRO (AISLADA)

La CARTA DE COBRO o RECORDATORIO DE PAGO (INSISTANT REMINDER OF PAYMENT) es un tipo de carta que tiene que ser elaborada con especial atención.

Primero, debe ser escrita para obtener el pago de una deuda; segundo, para mantener al cliente dentro del mejor ambiente de "buena voluntad".

Psicológicamente es necesario llevar al cliente a esta conclusión: la buena reputación y el disfrute de un crédito amplio se consiguen haciendo los pagos a los acreedores en tiempo oportuno.

Las cartas de cobro pueden clasificarse en:

1 De cobro aislada

2 De cobro en serie

La de COBRO AISLADA es una sencilla carta, breve, precisa, que lleva a la solución satisfactoria del asunto planteado.

La de COBRO EN SERIE (FOLLOW-UP PAYMENT) está formada por varias cartas, debidamente coordinadas, donde se insiste en el cobro de la cantidad que se adeuda. Estas cartas terminan, regularmente, ya agotada la paciencia, por un proceso de varias cartas donde se han ofrecido amplios plazos, informando al deudor que el asunto ha pasado a manos del Departamento Legal para que proceda por la vía judicial. Ya esta etapa es la que se denomina DEMANDA POR FALTA DE PAGO (LEGAL ACTION DUE TO LACK OF PAYMENT).

40 **HABITUAL**
Customary, usual

41 **REMESA**
Remittance

42 **SALDO A NUESTRO FAVOR**
(Del Punto de vista del Acreedor)
Debit balance

43 **DEMORA**
Delay

44 **COMPROMISO**
Obligation

45 **PRÓRROGA**
Extension (of time)

46 **CLIENTE**
Client; customer

47 **EXTRAÑAR**
To find it strange; to be surprised.

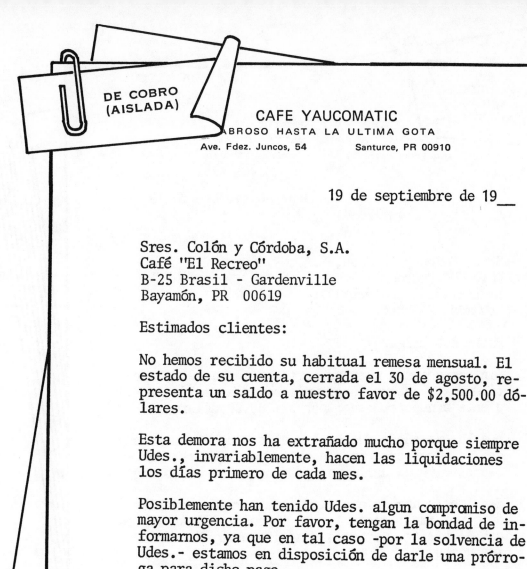

**CAFE YAUCOMATIC**

SABROSO HASTA LA ULTIMA GOTA

Ave. Fdez. Juncos, 54          Santurce, PR 00910

19 de septiembre de 19__

Sres. Colón y Córdoba, S.A.
Café "El Recreo"
B-25 Brasil - Gardenville
Bayamón, PR   00619

Estimados clientes:

No hemos recibido su habitual remesa mensual. El
estado de su cuenta, cerrada el 30 de agosto, representa un saldo a nuestro favor de $2,500.00 dó-
lares.

Esta demora nos ha extrañado mucho porque siempre
Udes., invariablemente, hacen las liquidaciones
los días primero de cada mes.

Posiblemente han tenido Udes. algún compromiso de
mayor urgencia. Por favor, tengan la bondad de in-
formarnos, ya que en tal caso -por la solvencia de
Udes.- estamos en disposición de darle una prórroga para dicho pago.

En espera de sus rápidas noticias, quedamos muy
cordialmente,

CAFE YAUCOMATIC

César Figueredo Pérez
Gerente

CFP/rw

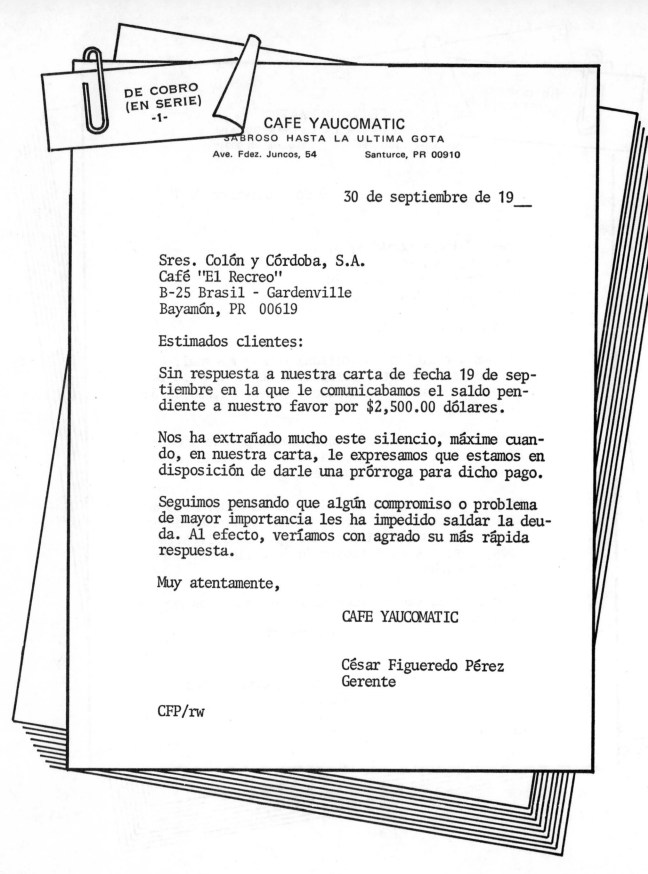

DE COBRO
(EN SERIE)
-1-

## CAFE YAUCOMATIC
### SABROSO HASTA LA ULTIMA GOTA
Ave. Fdez. Juncos, 54          Santurce, PR 00910

30 de septiembre de 19__

Sres. Colón y Córdoba, S.A.
Café "El Recreo"
B-25 Brasil - Gardenville
Bayamón, PR  00619

Estimados clientes:

Sin respuesta a nuestra carta de fecha 19 de septiembre en la que le comunicabamos el saldo pendiente a nuestro favor por $2,500.00 dólares.

Nos ha extrañado mucho este silencio, máxime cuando, en nuestra carta, le expresamos que estamos en disposición de darle una prórroga para dicho pago.

Seguimos pensando que algún compromiso o problema de mayor importancia les ha impedido saldar la deuda. Al efecto, veríamos con agrado su más rápida respuesta.

Muy atentamente,

CAFE YAUCOMATIC

César Figueredo Pérez
Gerente

CFP/rw

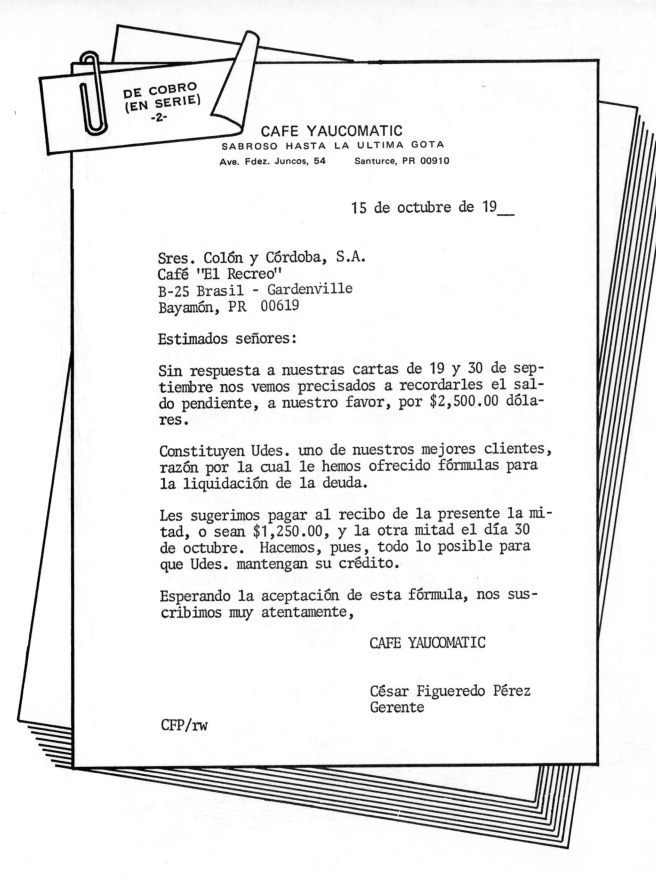

**CAFE YAUCOMATIC**

SABROSO HASTA LA ULTIMA GOTA

Ave. Fdez. Juncos, 54     Santurce, PR 00910

15 de octubre de 19__

Sres. Colón y Córdoba, S.A.
Café "El Recreo"
B-25 Brasil - Gardenville
Bayamón, PR  00619

Estimados señores:

Sin respuesta a nuestras cartas de 19 y 30 de septiembre nos vemos precisados a recordarles el saldo pendiente, a nuestro favor, por $2,500.00 dóla-
res.

Constituyen Udes. uno de nuestros mejores clientes,
razón por la cual le hemos ofrecido fórmulas para
la liquidación de la deuda.

Les sugerimos pagar al recibo de la presente la mitad, o sean $1,250.00, y la otra mitad el día 30
de octubre.  Hacemos, pues, todo lo posible para
que Udes. mantengan su crédito.

Esperando la aceptación de esta fórmula, nos suscribimos muy atentamente,

                              CAFE YAUCOMATIC


                              César Figueredo Pérez
                              Gerente

CFP/rw

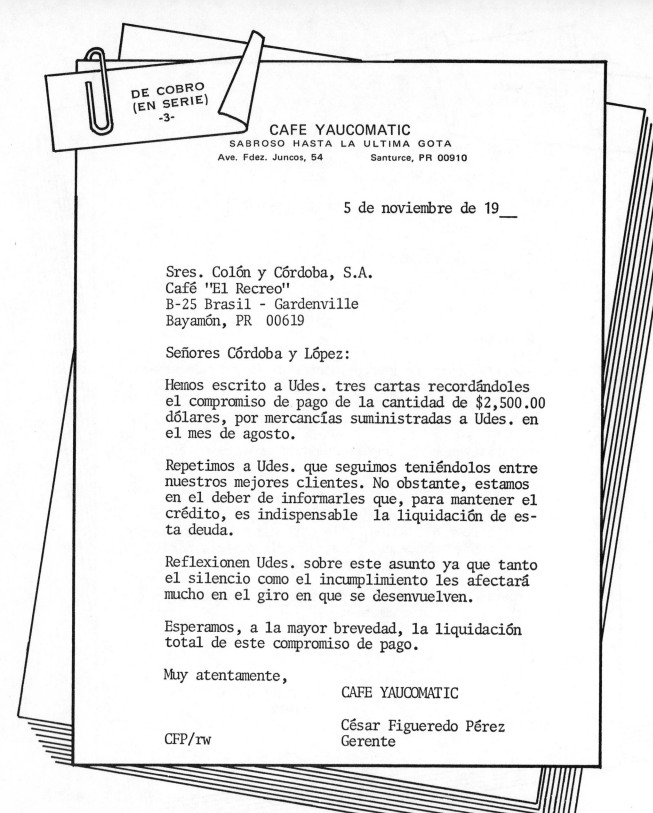

**CAFE YAUCOMATIC**
SABROSO HASTA LA ULTIMA GOTA
Ave. Fdez. Juncos, 54          Santurce, PR 00910

5 de noviembre de 19__

Sres. Colón y Córdoba, S.A.
Café "El Recreo"
B-25 Brasil - Gardenville
Bayamón, PR  00619

Señores Córdoba y López:

Hemos escrito a Udes. tres cartas recordándoles
el compromiso de pago de la cantidad de $2,500.00
dólares, por mercancías suministradas a Udes. en
el mes de agosto.

Repetimos a Udes. que seguimos teniéndolos entre
nuestros mejores clientes. No obstante, estamos
en el deber de informarles que, para mantener el
crédito, es indispensable  la liquidación de esta deuda.

Reflexionen Udes. sobre este asunto ya que tanto
el silencio como el incumplimiento les afectará
mucho en el giro en que se desenvuelven.

Esperamos, a la mayor brevedad, la liquidación
total de este compromiso de pago.

Muy atentamente,

CAFE YAUCOMATIC

César Figueredo Pérez
CFP/rw                      Gerente

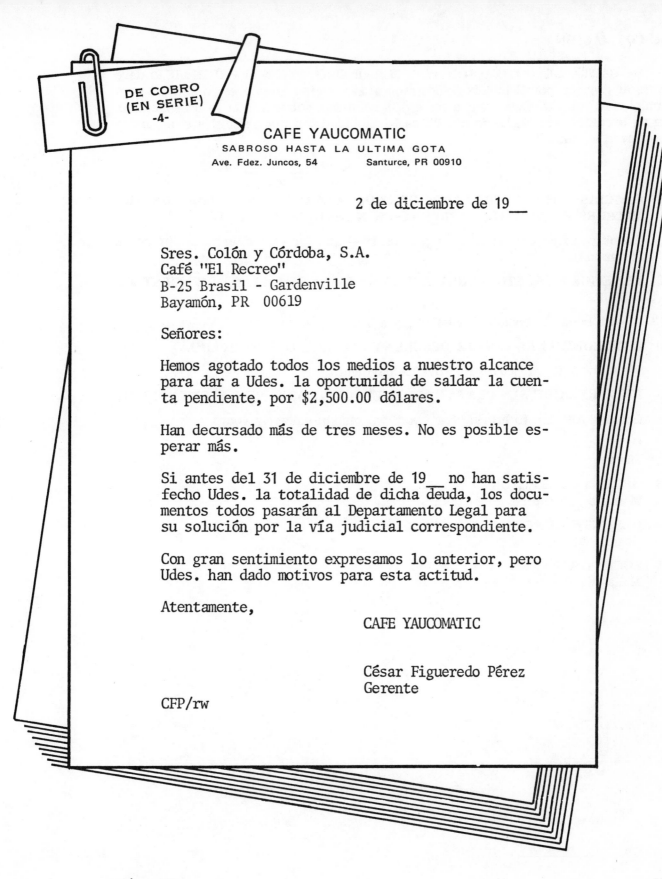

**CAFE YAUCOMATIC**

SABROSO HASTA LA ULTIMA GOTA

Ave. Fdez. Juncos, 54          Santurce, PR 00910

2 de diciembre de 19__

Sres. Colón y Córdoba, S.A.
Café "El Recreo"
B-25 Brasil - Gardenville
Bayamón, PR  00619

Señores:

Hemos agotado todos los medios a nuestro alcance
para dar a Udes. la oportunidad de saldar la cuenta pendiente, por $2,500.00 dólares.

Han decursado más de tres meses. No es posible es-
perar más.

Si antes del 31 de diciembre de 19__ no han satis-
fecho Udes. la totalidad de dicha deuda, los documentos todos pasarán al Departamento Legal para
su solución por la vía judicial correspondiente.

Con gran sentimiento expresamos lo anterior, pero
Udes. han dado motivos para esta actitud.

Atentamente,

CAFE YAUCOMATIC


César Figueredo Pérez
Gerente

CFP/rw

## DE COTIZACIÓN

La CARTA DE COTIZACIÓN (LETTER OF QUOTATION or PRICE LIST) debe expresar gratitud por el interés demostrado al seleccionar la empresa o entidad para suministrar precios. Debe centrarse, específicamente, sobre lo que se ha solicitado. En su breve, redacción, ha de advertirse la habilidad con que se cultiva el ambiente de "buena voluntad".

**48  GRACIAS POR VUESTRA CARTA DE 28 DE AGOSTO DE 19— Y POR VUESTRO INTERÉS EN NUESTRO LIBROS (O EN NUESTROS PRODUCTOS).**

Thank you for your letter of August 28, 19— and for your interest in our books (or goods).

**49  TENEMOS EL GUSTO DE ENVIARLE UNA LISTA DETALLADA DE NUESTROS PRECIOS.**

We are happy to enclose a detailed price list.

**50  CONCEDEMOS EL 30% DE DESCUENTO POR PAGO ANTICIPADO.**

We allow a 30% discount for advance payment.

**51  EN ESPERA DE SUS GRATAS ÓRDENES, QUEDAMOS MUY ATENTAMENTE,**

Looking forward to hearing from you, we remain sincerely yours,

**52  GERENTE**
Manager

**53  GERENTE DIRECTOR**
Managing Director

**54  GERENTE GENERAL**
General Manager

**55  SOCIO GERENTE**
Managing Partner

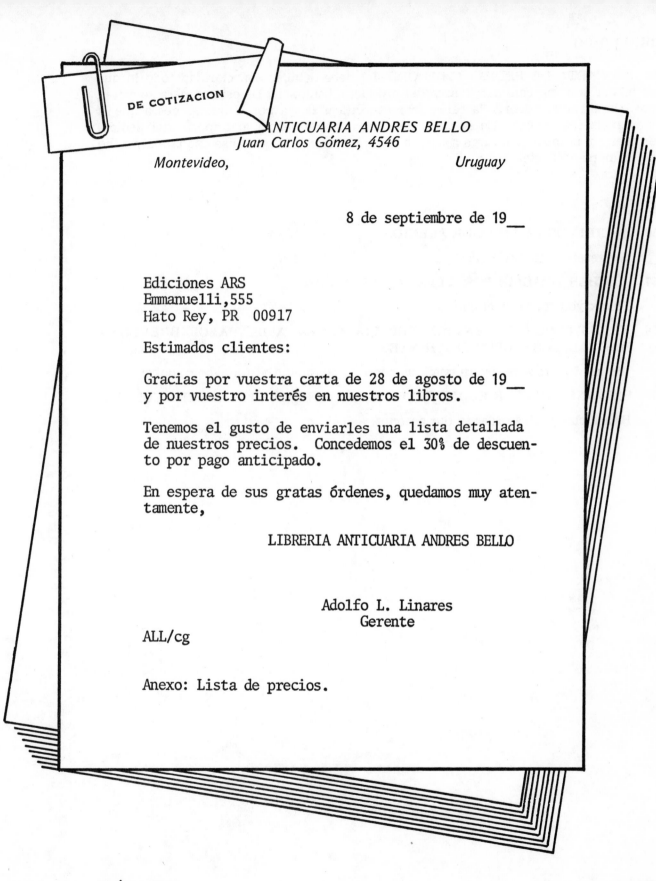

DE COTIZACION

*LIBRERIA ANTICUARIA ANDRES BELLO*
*Juan Carlos Gómez, 4546*

*Montevideo,*                                              *Uruguay*


8 de septiembre de 19__


Ediciones ARS
Emmanuelli,555
Hato Rey, PR   00917

Estimados clientes:

Gracias por vuestra carta de 28 de agosto de 19__
y por vuestro interés en nuestros libros.

Tenemos el gusto de enviarles una lista detallada
de nuestros precios.  Concedemos el 30% de descuento por pago anticipado.

En espera de sus gratas órdenes, quedamos muy atentamente,

        LIBRERIA ANTICUARIA ANDRES BELLO


        Adolfo L. Linares
        Gerente

ALL/cg

Anexo: Lista de precios.

## DE PEDIDO

La CARTA DE PEDIDO (THE ORDER) debe detallar con claridad todo lo que en ella se solicita: cantidad, marca del producto, título, etc. De esta manera se evitan posibles errores. Además, la carta debe especificar la vía por la que se desea que la mercancía sea enviada. En la carta debe hacerse referencia al importe del pedido, es decir, si el mismo se carga a cuenta, si se incluye el cheque, si se abonará al recibo de la mercancía, etc.

**56   RECIBIMOS LA LISTA DE PRECIOS.**

We received the price list.

**57   MUCHAS GRACIAS POR VUESTRA ATENCIÓN**

Thank you for your attention.

**58   NECESITAMOS NOS ENVÍEN, POR VÍA AÉREA, A LA MAYOR BREVEDAD POSIBLE, LOS LIBROS SIGUIENTES:**

We need to receive, by air mail, as soon as possible, the following books:

**59   SÍRVANSE CARGAR EL IMPORTE DE ESTA ORDEN EN NUESTRA CUENTA.**

Please charge this order to our account.

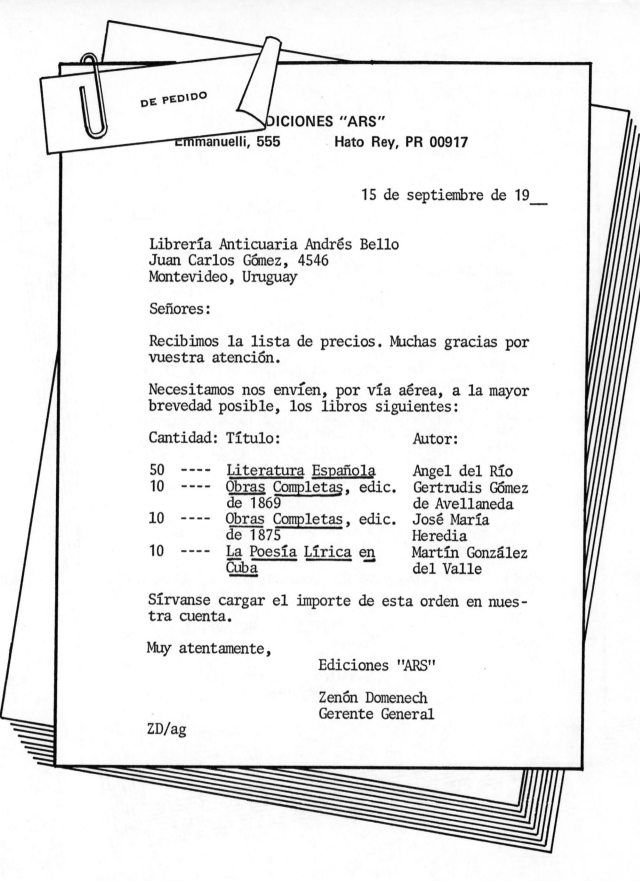

DE PEDIDO

## DICIONES "ARS"

Emmanuelli, 555          Hato Rey, PR 00917

15 de septiembre de 19__

Librería Anticuaria Andrés Bello
Juan Carlos Gómez, 4546
Montevideo, Uruguay

Señores:

Recibimos la lista de precios. Muchas gracias por vuestra atención.

Necesitamos nos envíen, por vía aérea, a la mayor brevedad posible, los libros siguientes:

| Cantidad: | Título: | Autor: |
|---|---|---|
| 50 ---- | Literatura Española | Angel del Río |
| 10 ---- | Obras Completas, edic. de 1869 | Gertrudis Gómez de Avellaneda |
| 10 ---- | Obras Completas, edic. de 1875 | José María Heredia |
| 10 ---- | La Poesía Lírica en Cuba | Martín González del Valle |

Sírvanse cargar el importe de esta orden en nuestra cuenta.

Muy atentamente,

Ediciones "ARS"

Zenón Domenech
Gerente General

ZD/ag

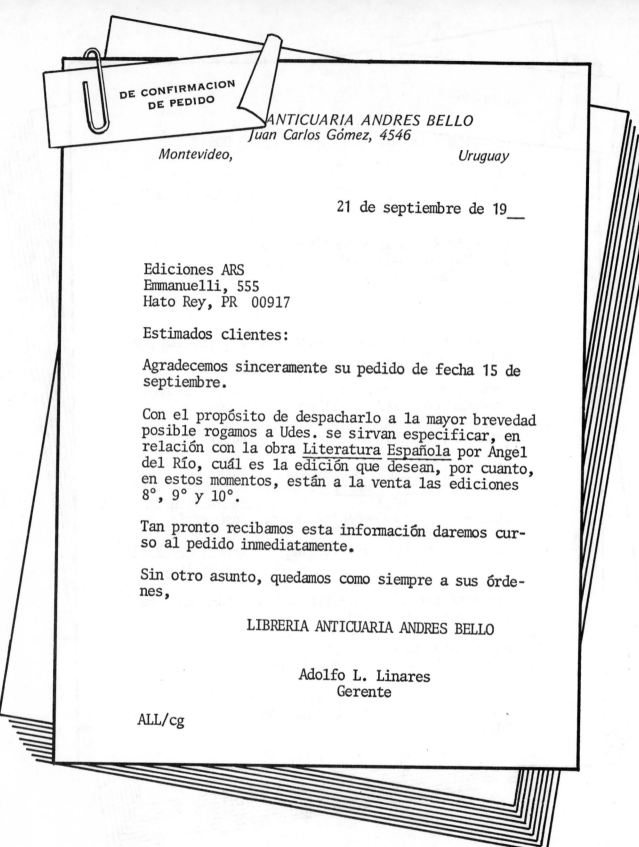

*ANTICUARIA ANDRES BELLO*
*Juan Carlos Gómez, 4546*

*Montevideo,*                                          *Uruguay*


21 de septiembre de 19__


Ediciones ARS
Emmanuelli, 555
Hato Rey, PR  00917

Estimados clientes:

Agradecemos sinceramente su pedido de fecha 15 de
septiembre.

Con el propósito de despacharlo a la mayor brevedad
posible rogamos a Udes. se sirvan especificar, en
relación con la obra Literatura Española por Angel
del Río, cuál es la edición que desean, por cuanto,
en estos momentos, están a la venta las ediciones
8°, 9° y 10°.

Tan pronto recibamos esta información daremos curso al pedido inmediatamente.

Sin otro asunto, quedamos como siempre a sus órdenes,

LIBRERIA ANTICUARIA ANDRES BELLO


Adolfo L. Linares
Gerente

ALL/cg

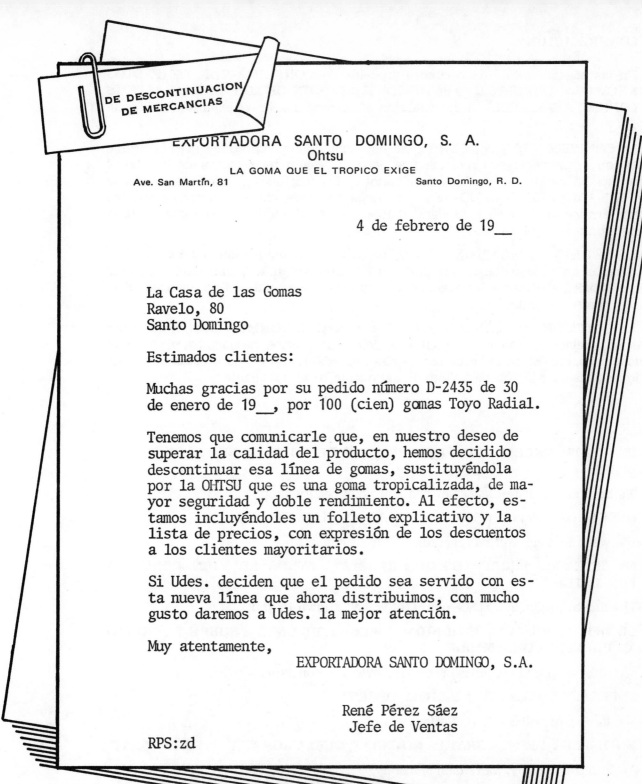

DE DESCONTINUACION
DE MERCANCIAS

EXPORTADORA  SANTO  DOMINGO,  S. A.
Ohtsu
LA GOMA QUE EL TROPICO EXIGE
Ave. San Martín, 81                                    Santo Domingo, R. D.

4 de febrero de 19__

La Casa de las Gomas
Ravelo, 80
Santo Domingo

Estimados clientes:

Muchas gracias por su pedido número D-2435 de 30
de enero de 19__, por 100 (cien) gomas Toyo Radial.

Tenemos que comunicarle que, en nuestro deseo de
superar la calidad del producto, hemos decidido
descontinuar esa línea de gomas, sustituyéndola
por la OHTSU que es una goma tropicalizada, de mayor seguridad y doble rendimiento. Al efecto, estamos incluyéndoles un folleto explicativo y la
lista de precios, con expresión de los descuentos
a los clientes mayoritarios.

Si Udes. deciden que el pedido sea servido con esta nueva línea que ahora distribuimos, con mucho
gusto daremos a Udes. la mejor atención.

Muy atentamente,
                    EXPORTADORA SANTO DOMINGO, S.A.


                        René Pérez Sáez
                        Jefe de Ventas
RPS:zd

# DE CONSIGNACIÓN

En las páginas anteriores aparecen modelos de CONFIRMACIÓN DE PEDIDO (ACKNOWLEDGING ORDER) y de DISCONTINUACIÓN DE MERCANCÍAS (ITEMS NO LONGER AVAILABLE). A continuación ofrecemos una breve explicación de cada caso:

La CONFIRMACIÓN DE PEDIDO se hace cuando el pedido que se recibe no fue hecho con la precisión que reclama una carta de esa naturaleza; es decir, que el cliente no dió detalles específicos de algunos de los renglones pedidos. Esta carta de CONFIRMACIÓN DE PEDIDO debe ser hecha con toda cortesía, agradeciendo, en primer término la atención y, fundamentalmente, que el cuerpo de la carta cuide la "buena voluntad" del cliente.

La de DISCONTINUACIÓN DE MERCANCÍAS reclama no sólo los dos aspectos enumerados anteriormente: agradecimiento y "buena voluntad", sino también habilidad psicológica al explicar las razones del cambio de línea, a fin de persuadir al cliente y no perder la venta.

La CARTA DE CONSIGNACIÓN (LETTER OF CONSIGNMENT) es la que trata de asuntos relacionados con la tramitación de envíos, precios, descuentos, plazos para liquidaciones, etc. El estilo ha de ser sencillo, agradable, breve, pero cuidando o tratando de conseguir la "buena voluntad" del cliente o futuro cliente.

**60  TENEMOS EXCELENTES REFERENCIAS DE UD. Y DE SU SALÓN DE BELLEZA.**

We have excellent references of you and your beauty shop.

**61  DESEAMOS ENVIARLE MERCANCÍAS EN CONSIGNACIÓN**

We want to send you merchandise on consignment.

**62  LA LÍNEA DE PRODUCTOS QUE REPRESENTAMOS ES BIEN CONOCIDA POR USTED.**

The line of products that we represent is well known to you.

**63  LE OFRECEMOS UNA COMISIÓN ESPECIAL DE UN 35% SOBRE EL PRECIO AL PÚBLICO CONSUMIDOR.**

We offer a special commission of 35% over the consumer's price.

**64  ESPERAMOS ESTUDIE NUESTRA OFERTA.**

We hope you will study our offer.

**65  EN ESPERA DE SUS GRATAS NOTICIAS, QUEDAMOS MUY ATENTAMENTE,**

Awaiting your reply, we remain sincerely,

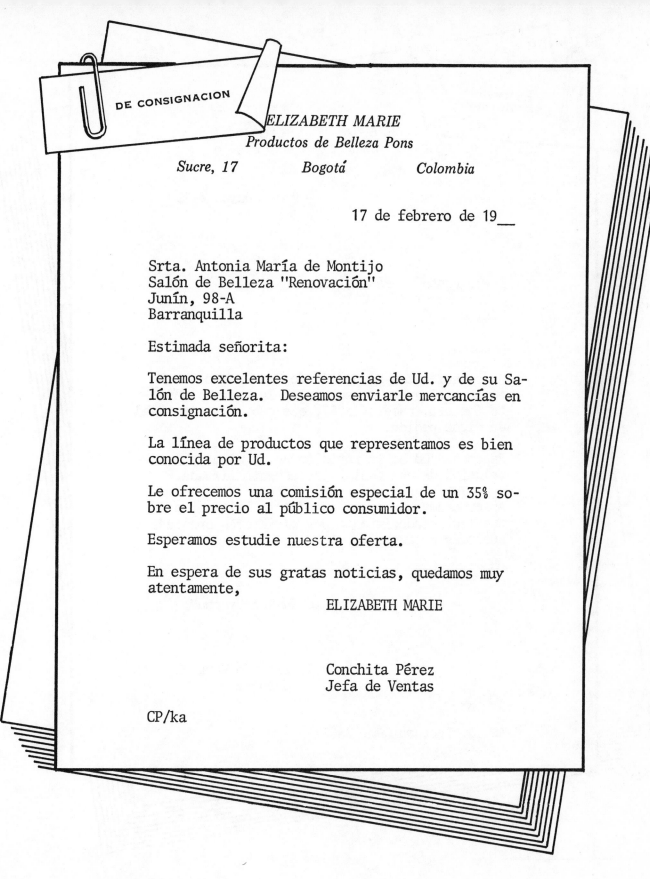

DE CONSIGNACION

**ELIZABETH MARIE**

*Productos de Belleza Pons*

Sucre, 17          Bogotá          Colombia


17 de febrero de 19__


Srta. Antonia María de Montijo
Salón de Belleza "Renovación"
Junín, 98-A
Barranquilla

Estimada señorita:

Tenemos excelentes referencias de Ud. y de su Salón de Belleza.  Deseamos enviarle mercancías en
consignación.

La línea de productos que representamos es bien
conocida por Ud.

Le ofrecemos una comisión especial de un 35% sobre el precio al público consumidor.

Esperamos estudie nuestra oferta.

En espera de sus gratas noticias, quedamos muy
atentamente,

        ELIZABETH MARIE


        Conchita Pérez
        Jefa de Ventas

CP/ka

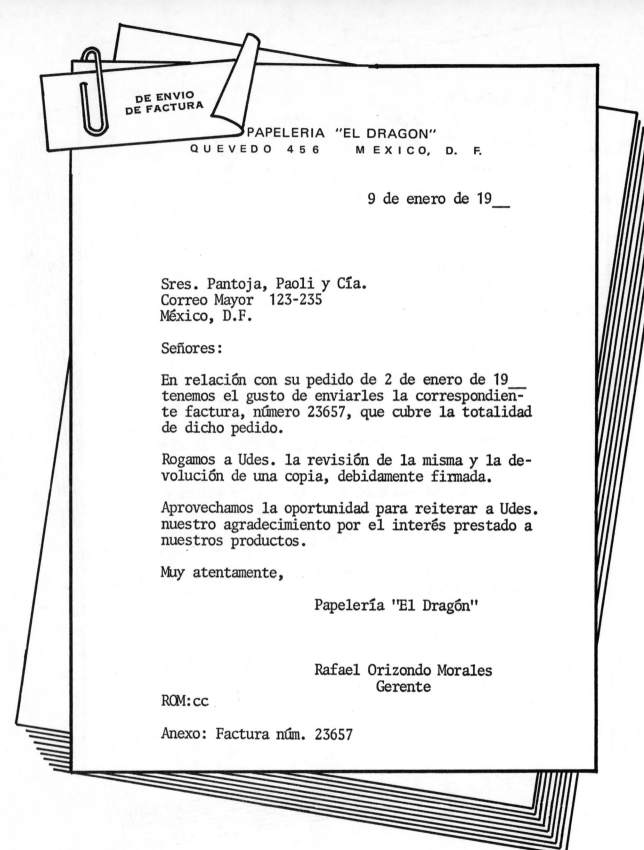

DE ENVIO
DE FACTURA

PAPELERIA "EL DRAGON"

QUEVEDO 456    MEXICO, D. F.

9 de enero de 19__

Sres. Pantoja, Paoli y Cía.
Correo Mayor  123-235
México, D.F.

Señores:

En relación con su pedido de 2 de enero de 19__
tenemos el gusto de enviarles la correspondiente factura, número 23657, que cubre la totalidad
de dicho pedido.

Rogamos a Udes. la revisión de la misma y la devolución de una copia, debidamente firmada.

Aprovechamos la oportunidad para reiterar a Udes.
nuestro agradecimiento por el interés prestado a
nuestros productos.

Muy atentamente,

Papelería "El Dragón"


Rafael Orizondo Morales
Gerente

ROM:cc

Anexo: Factura núm. 23657

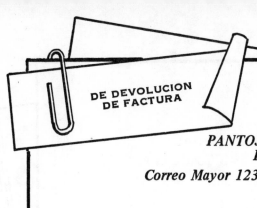

**DE DEVOLUCION DE FACTURA**

**PANTOJA, PAOLI Y CIA.**
*Impresores*
*Correo Mayor 123-235*          *México, D. F.*

14 de enero de 19__

Sr. Rafael Orizondo Morales, Gerente
Papelería "El Dragón"
Quevedo  456
México, D.F.

Estimado señor Orizondo:

En nuestro poder su atenta carta de fecha 9 de enero de 19__, donde nos envía la factura número 23657, correspondiente a nuestro pedido de 2 de enero de 19__.

Lamentamos tener que devolverle la misma, para que sea rectificada, por cuanto advertimos un error en la línea correspondiente al Papel Bond, 20 libras, donde involuntariamente aparece como papel de 40 libras, lo cual altera el precio total de la mercancía.

En espera de su respuesta, nos suscribimos muy atentamente,

Pantoja, Paoli y Cía.


Manuel Pantoja
Gerente

MP/aa
Anexo: Factura núm. 23657

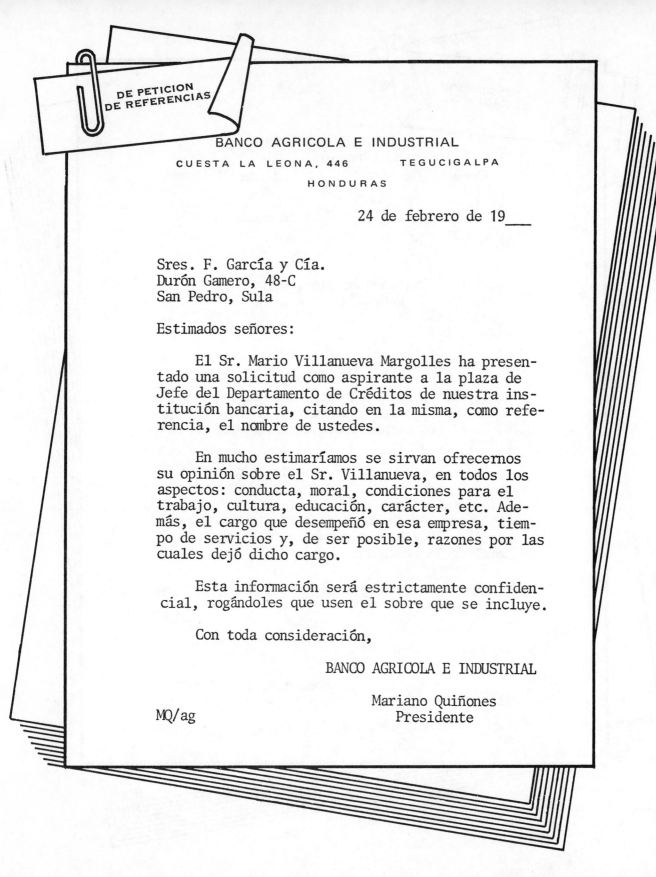

BANCO AGRICOLA E INDUSTRIAL

CUESTA LA LEONA, 446          TEGUCIGALPA

HONDURAS

24 de febrero de 19___

Sres. F. García y Cía.
Durón Gamero, 48-C
San Pedro, Sula

Estimados señores:

El Sr. Mario Villanueva Margolles ha presentado una solicitud como aspirante a la plaza de Jefe del Departamento de Créditos de nuestra institución bancaria, citando en la misma, como referencia, el nombre de ustedes.

En mucho estimaríamos se sirvan ofrecernos su opinión sobre el Sr. Villanueva, en todos los aspectos: conducta, moral, condiciones para el trabajo, cultura, educación, carácter, etc. Además, el cargo que desempeñó en esa empresa, tiempo de servicios y, de ser posible, razones por las cuales dejó dicho cargo.

Esta información será estrictamente confidencial, rogándoles que usen el sobre que se incluye.

Con toda consideración,

BANCO AGRICOLA E INDUSTRIAL

Mariano Quiñones
Presidente

MQ/ag

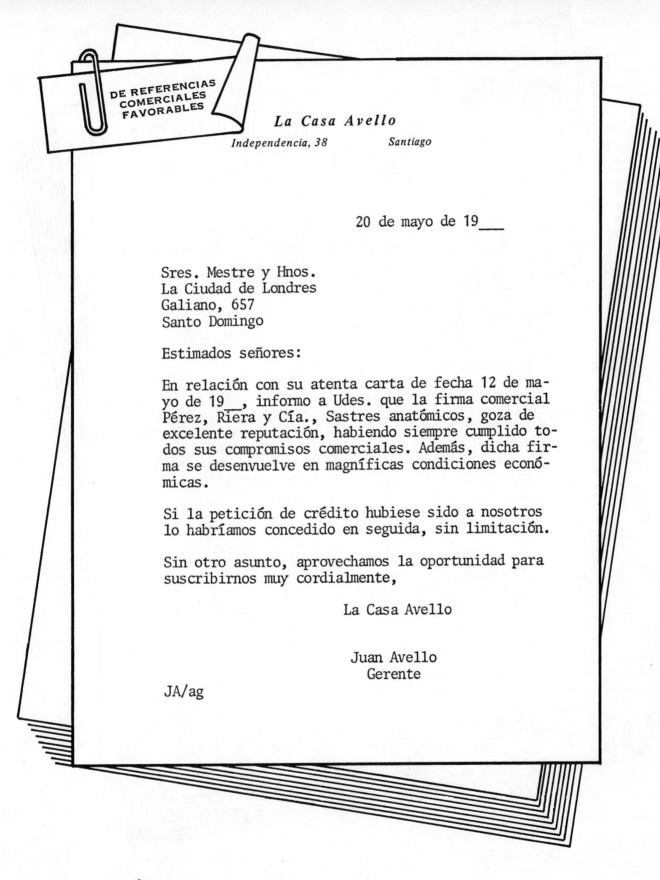

*La Casa Avello*

*Independencia, 38        Santiago*

20 de mayo de 19___

Sres. Mestre y Hnos.
La Ciudad de Londres
Galiano, 657
Santo Domingo

Estimados señores:

En relación con su atenta carta de fecha 12 de mayo de 19__, informo a Udes. que la firma comercial Pérez, Riera y Cía., Sastres anatómicos, goza de excelente reputación, habiendo siempre cumplido todos sus compromisos comerciales. Además, dicha firma se desenvuelve en magníficas condiciones económicas.

Si la petición de crédito hubiese sido a nosotros lo habríamos concedido en seguida, sin limitación.

Sin otro asunto, aprovechamos la oportunidad para suscribirnos muy cordialmente,

La Casa Avello


Juan Avello
Gerente

JA/ag

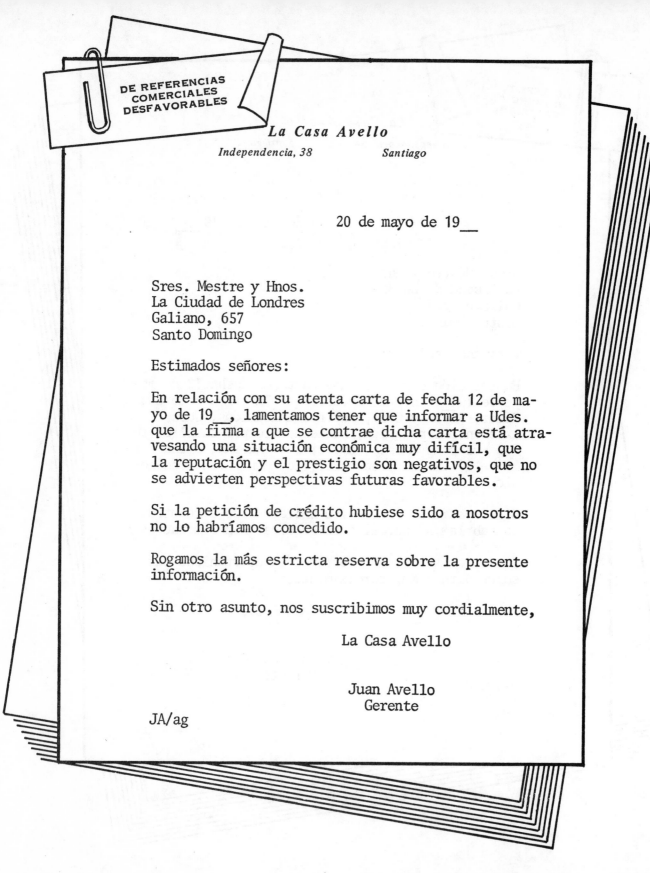

*La Casa Avello*

*Independencia, 38*        *Santiago*

20 de mayo de 19__

Sres. Mestre y Hnos.
La Ciudad de Londres
Galiano, 657
Santo Domingo

Estimados señores:

En relación con su atenta carta de fecha 12 de mayo de 19__, lamentamos tener que informar a Udes. que la firma a que se contrae dicha carta está atravesando una situación económica muy difícil, que la reputación y el prestigio son negativos, que no se advierten perspectivas futuras favorables.

Si la petición de crédito hubiese sido a nosotros no lo habríamos concedido.

Rogamos la más estricta reserva sobre la presente información.

Sin otro asunto, nos suscribimos muy cordialmente,

La Casa Avello

Juan Avello
Gerente

JA/ag

DE ESTIMULO

## COOPERATIVA DE PRESTAMOS Y AHORROS

AVENIDA RUBEN DARIO, 250    MANAGUA

NICARAGUA, C. A.

30 de junio de 19__

Sr. Carlos Jiménez
Apartado No. 333
Managua

Estimado señor Jiménez:

Desde su posición en nuestro Banco habrá podido observar el extraordinario progreso que ha alcanzado la institución en los últimos cinco años. Todo esto se debe, sin duda, a la capacidad, competencia, amor al trabajo y a la institución, tanto de nuestros empleados, como de los administradores de las Sucursales que funcionan en el país.

Por motivos de salud el cargo de Administrador de la Sucursal de León quedará vacante, en breve lapso. El puesto es de gran importancia y de mayor responsabilidad. No obstante, hemos pensado en Ud. como el mejor candidato.

Por más de diez años usted trabaja con nosotros y tiene una brillante hoja de servicios. Además, durante todo este tiempo ha adquirido Ud. una valiosa práctica.

La nueva posición le dará a Ud. un salario anual mucho más alto que el que actualmente disfruta. Además, recibirá Ud.,todos los años, en consonancia con el progreso de esa Sucursal, un Bono Pascual nunca inferior a $5,000.00 dólares.

Como se trata de una posición distinta a la que actualmente Ud. desempeña, sería recomendable que Ud. se trasladara, a la mayor brevedad, a la ciudad de León, para recibir del propio Administrador las valiosas orientaciones que podrá ofrecerle, por su larga experiencia.

Es necesario, Sr. Jiménez, que Ud. estudie detenidamente esta oferta, que le ofrece un futuro mejor y que nos conteste al respecto.

Sin duda, es una oportunidad que puede dar a Ud. un gran éxito en su carrera.

Esperando su respuesta, quedamos muy cordialmente,

COOPERATIVA DE PRESTAMOS Y AHORROS

Miguel Márquez Díaz
Presidente

MMD:er

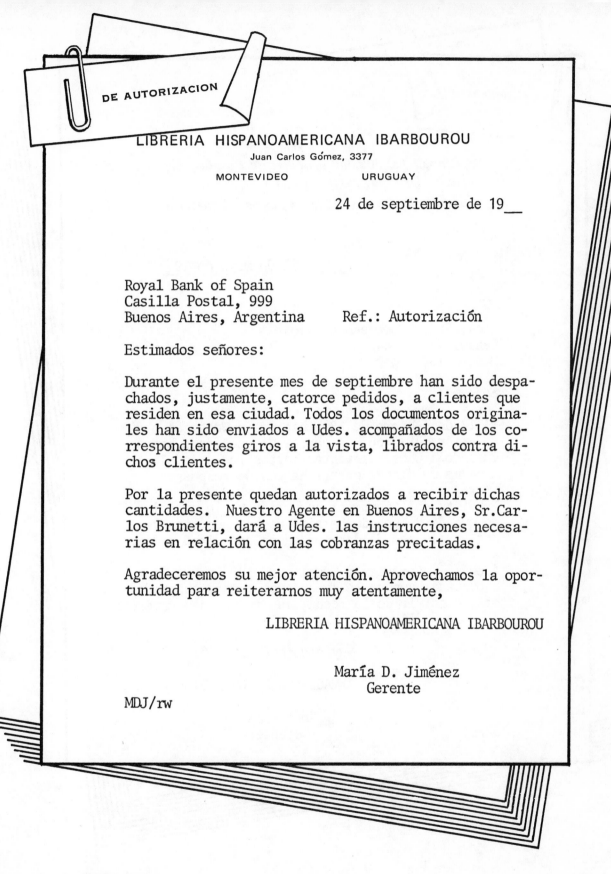

**LIBRERIA HISPANOAMERICANA IBARBOUROU**

Juan Carlos Gómez, 3377

MONTEVIDEO          URUGUAY

24 de septiembre de 19__


Royal Bank of Spain
Casilla Postal, 999
Buenos Aires, Argentina      Ref.: Autorización

Estimados señores:

Durante el presente mes de septiembre han sido despa-
chados, justamente, catorce pedidos, a clientes que
residen en esa ciudad. Todos los documentos originales han sido enviados a Udes. acompañados de los correspondientes giros a la vista, librados contra dichos clientes.

Por la presente quedan autorizados a recibir dichas
cantidades. Nuestro Agente en Buenos Aires, Sr.Car-
los Brunetti, dará a Udes. las instrucciones necesarias en relación con las cobranzas precitadas.

Agradeceremos su mejor atención. Aprovechamos la oportunidad para reiterarnos muy atentamente,

LIBRERIA HISPANOAMERICANA IBARBOUROU


María D. Jiménez
Gerente

MDJ/rw

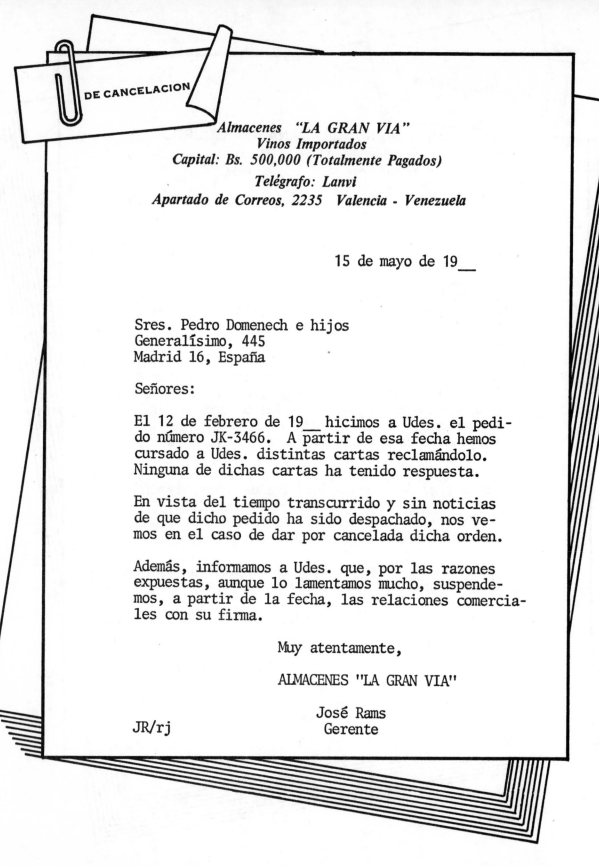

DE CANCELACION

*Almacenes "LA GRAN VIA"*
*Vinos Importados*
*Capital: Bs. 500,000 (Totalmente Pagados)*

*Telégrafo: Lanvi*
*Apartado de Correos, 2235  Valencia - Venezuela*

15 de mayo de 19__

Sres. Pedro Domenech e hijos
Generalísimo, 445
Madrid 16, España

Señores:

El 12 de febrero de 19__ hicimos a Udes. el pedido número JK-3466. A partir de esa fecha hemos cursado a Udes. distintas cartas reclamándolo. Ninguna de dichas cartas ha tenido respuesta.

En vista del tiempo transcurrido y sin noticias de que dicho pedido ha sido despachado, nos vemos en el caso de dar por cancelada dicha orden.

Además, informamos a Udes. que, por las razones expuestas, aunque lo lamentamos mucho, suspendemos, a partir de la fecha, las relaciones comerciales con su firma.

Muy atentamente,

ALMACENES "LA GRAN VIA"

José Rams
Gerente

JR/rj

LIBRERIA MIGUEL DE CERVANTES
Ave. de la Universidad, 44          Lima, Perú

9 de marzo de 19__

Editorial ESCUELA ACTIVA
Moreno, 378 Este
Quito, Ecuador

Estimados señores:

Con fecha 15 de febrero de 19__ hicimos a Udes. el
pedido número 789.  En el día de ayer recibimos 10
cajas, en pésimas condiciones, con los libros dete-
riorados, en tal forma que no pueden ser entregados
a los alumnos, nuestros clientes.

Esto nos ocasiona un gran trastorno y la posible
pérdida de buen número de clientes.

Al efecto, la reparación de este daño, causado por
Udes., debe ser indemnizado: Primero, haciendo un
envio, urgente, por vía aérea, para ganar tiempo y
segundo, descontar de la factura un 40% y no cargar
en la misma los gastos de envio. De esta manera podemos rebajar considerablemente el precio de la unidad y reparar así, por lo menos, los daños causados
a nuestros clientes por esta demora. La fórmula es
justa y esperamos sea aceptada, totalmente, por Udes.

En espera de su información por vía telefónica, quedamos muy atentamente,

LIBRERIA MIGUEL DE CERVANTES

MS/jme                          Manuel Salvat

EDITORIAL ESCUELA ACTIVA
Libros de Texto
Moreno, 378 Este                    Quito, Ecuador


12 de marzo de 19__


Librería "Miguel de Cervantes"
Ave. de la Universidad, 44
Lima, Perú.

De nuestra consideración:

Acaba de llegar su carta de fecha 9 de marzo donde
nos informa sobre las pésimas condiciones en que
llegaron los paquetes con los libros correspondientes al pedido núm. 789.

Inmediatamente nos hemos puesto en contacto con la
compañía de seguros, por cuanto hemos comprobado
en el departamento de embarques que las 10 cajas
salieron en perfectas condiciones. Desde luego, este trámite siempre demora bastante, por las investigaciones que hace la compañía de seguros.

Sentimos profundamente lo ocurrido y estamos plenamente de acuerdo con Udes. que esta, involunta-
ria, demora, está causando serios trastornos a sus
clientes.

Hemos estudiado la proposición que Udes. hacen, como una fórmula para reparar esos perjuicios, y la
encontramos correcta; en consecuencia, es aceptada
totalmente por nuestra parte.

Librería Miguel de Cervantes -2- 12 de marzo de 19__

Acepten, sinceramente, nuestras excusas, aunque, como expresamos, todo se debe al poco o ningun cuidado de la compañía encargada del transporte.

Sin pérdida de tiempo está preparándose un nuevo envío que será remitido mañana por VIA AEREA.

Esperamos que continúen nuestras relaciones con la mayor cordialidad y que sigan honrándonos con sus muy estimables órdenes.

Muy atentamente,

        EDITORIAL ESCUELA ACTIVA


          Manuel Aguayo
              Jefe
      Departamento de Exportación


MA:ae


P.D.
El Departamento de Contabilidad, por correo aparte, reembolsará a Udes. la cantidad correspondiente.
                        VALE.

*Dr. Manuel Martínez Márquez*

*Medicina Interna*

*Apartado, 12*                    *San Salvador*

2 de noviembre de 19__

Droguería "La Mayor"
Durón Gamero, 559
Tegucigalpa, Honduras    Ref.:Rectificación de saldo

Estimados señores:

En mi poder su atenta carta de fecha 26 de octubre
de 19__ , aviso de saldo, donde aparezco adeudándo-
les la cantidad de mil quinientos (1,500) colones.

Esta cifra no concuerda con los libros y comproban-
tes que obran en nuestra oficina.  El saldo, según
dichos documentos es de cuatrocientos cincuenta
(450) colones. La diferencia es, pues, de mil cincuenta (1,050) colones.

Ruego a Udes. una revisión de mi estado de cuenta
para la rectificación de este saldo indebido.

En espera de sus noticias, para remitir el cheque
de liquidación total, quedo muy cordialmente amigo,

Dr. Manuel Martínez Márquez

MMM/sc

**ARS PUBLICIDAD**
Villuendas, 154 Sur      Santa Clara

19 de marzo de 19__

Café El Central
Parque Vidal, 25
Santa Clara

Señores:

¿Han pensado Udes. en lo que representa para una
organización comercial que todo el material impreso que utilizan sea confeccionado por un personal
técnico?

El papel, los sobres, las tarjetas, las listas de
licores, las servilletas... en fin, todo eso que
va a estar en contacto directo con el público y
que constituye un permanente anuncio, debe responder a un plan de publicidad y propaganda técnica-
mente elaborado.

Al efecto, ARS PUBLICIDAD que dispone de un personal especializado y que labora en cooperación con
los talleres tipográficos de SED, bien conocidos
desde hace más de una centuria, por su inalterable
lema: "Donde imprimir es todavía un arte", ofrece
a Udes. sus servicios profesionales, en la seguridad de que estos servicios representarán a esa
empresa comercial una promoción de venta que supe-
rará a los mejores períodos de la misma.

Café El Central                2                19 de marzo de 19__

Estamos incluyéndoles una colección de impresos y propaganda utilizados por el Café El Prado de la ciudad de Cienfuegos, donde podrán apreciar y confirmar la organización y calidad de cuanto se produce bajo la firma de ARS.

Esperando nos concedan la oportunidad de una entrevista para exponerles de manera objetiva nuestro amplio plan y con la seguridad de que obtendremos de Udes. la dirección publicitaria de esa empresa, nos suscribimos muy atentamente,

ARS PUBLICIDAD

Ramón Colón Martínez
Director

RCM/yb

Anexos: Colección de impresos.

San Juan, P.R., 2 de diciembre de 19__

Sr. Jefe de la Cámara de Comercio
Ciudad

Estimado señor:

Se acerca el período pascual, un período en que el
comercio tiene oportunidad de aumentar el volumen
de sus ventas.  Las disposiciones de esa Cámara impiden que las casas comerciales mantengan abiertas
sus puertas después de las 6 de la tarde. En consecuencia, la medida impide a muchas personas  que
trabajan hasta esa hora poder realizar sus compras.
Por tanto, esto afecta en grado sumo a todo el comercio.

Sugerimos, como la mejor solución, permitir que
los establecimientos, durante el mes de diciembre,
puedan permanecer abiertos hasta las 9 de la noche.

La petición es justa y esperamos su mejor atención.

Quedamos muy atentamente,


Por JOYERIA UNIVERSAL, Miguel Colón
Por JOYERIA CHANTILLI, Ricardo Pérez
Por MONTERO PRINTING, M.M. Montero
Por MAZAL IMPORT,  J. T. Barnés
Por BENITEZ Y COMPAÑIA, Carlos Benítez

Por favor, dirigir la respuesta a:
Sr. Miguel Colón
Box 4444
Old San Juan, PR 00904

## CARTA CIRCULAR

La CARTA CIRCULAR (CIRCULAR LETTER) es una carta que se escribe para dirigir a todos los clientes, o, por lo menos, a muchos destinatarios.

Regularmente estas cartas van impresas o mimeografiadas. Actualmente se usa mucho el procedimiento de impresión offset ya que permite, al llenar el espacio de la dirección con el mismo tipo de máquina y letra, que se confunda con el texto de la carta y dé la impresión de una carta personal.

Estas cartas circulares tienen un gran uso en las empresas mercantiles, tanto para propaganda de algún producto, para alteraciones de precios, como para el anuncio del cambio de razón social, inauguración de sucursales, etc.

**66 ESTIMADO SEÑOR Y AMIGO**

Dear Sir and Friend:

**67 TENEMOS EL DEBER DE COMUNICARLE QUE, POR DISPOSICIÓN DEL SEÑOR PRESIDENTE DE LA COMPAÑÍA, A PARTIR DEL 2 DE OCTUBRE, TODOS LOS PEDIDOS DEBERÁN VENIR ACOMPAÑADOS DEL 50% DE SU IMPORTE TOTAL.**

It is our duty to inform you that, by order of the President of the Company, starting on October 2, all orders must be acompanied by 50% of their total amount.

**68 ESPERAMOS QUE ESTA MEDIDA NO AFECTE LAS BUENAS RELACIONES QUE ENTRE NOSOTROS SIEMPRE HAN EXISTIDO, Y, EN CONSECUENCIA, SIGA UD. FAVORECIÉNDONOS CON SUS GRATAS ÓRDENES.**

We hope that this letter will not affect the good relationship that has existed between us and, consequently, that you will continue placing your orders with us.

**69 SOMOS SUS ATENTOS SERVIDORES,**

Hoping to serve your wishes,

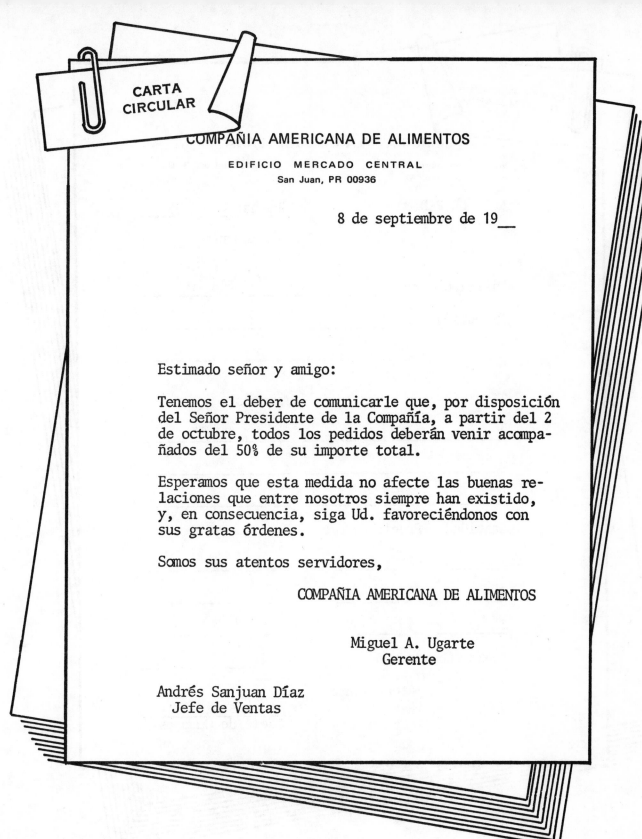

**CARTA CIRCULAR**

## COMPAÑIA AMERICANA DE ALIMENTOS

EDIFICIO MERCADO CENTRAL
San Juan, PR 00936

8 de septiembre de 19__

Estimado señor y amigo:

Tenemos el deber de comunicarle que, por disposición del Señor Presidente de la Compañía, a partir del 2 de octubre, todos los pedidos deberán venir acompañados del 50% de su importe total.

Esperamos que esta medida no afecte las buenas relaciones que entre nosotros siempre han existido, y, en consecuencia, siga Ud. favoreciéndonos con sus gratas órdenes.

Somos sus atentos servidores,

COMPAÑIA AMERICANA DE ALIMENTOS

Miguel A. Ugarte
Gerente

Andrés Sanjuan Díaz
Jefe de Ventas

**LIBRERIA "LA QUISQUELLANA"**

N. de Ovando, 666                                    Santo Domingo, R. D.

NOTA DE PEDIDO                    Fecha: _____

                                 Pedido núm._____

Distribuidor: _____

Dirección: _____

_____

Título de las obras:          Autores:

1_____          _____

2_____          _____

3_____          _____

Cantidad:  Precio de c/u:     Embarque por:

1_____    $_____            _____

2_____    $_____            _____

3_____    $_____            _____

Anexo: Cheque Núm _____ por $ _____

            Atentamente,

            _____
            Jefe de Compras

UNIVERSIDAD  CENTRAL  DE  VENEZUELA
Caracas

BIBLIOTECA  GENERAL

12 de mayo de 19__

Librería Anticuaria Americana
"José María Heredia"
O'Higgins, 908 Norte
Santiago, Chile

Señores:

Nuestra Biblioteca General está en disposición
de adquirir todos los libros publicados, en primera edición, de los autores siguientes:

Sor Juana Inés de la Cruz
Gertrudis Gómez de Avellaneda
José María Heredia
Andrés Bello
Domingo Faustino Sarmiento
Enrique José Varona
Medardo Vitier
Jorge Mañach Robato
Juan Marinello Vidaurreta

Al efecto, solicitamos el Catálogo General de
esa librería para hacer la selección y pedido correspondiente.

En mucho estimaremos, además, el envio de copias

Librería Anticuaria Americana --2-- 12 de mayo de 19__

de los catálogos que posean de obras publicadas en
francés, alemán, portugués e italiano.

También una lista o catálogo de obras españolas, hispanoamericanas y francesas, en traducción al inglés.

Específicamente, los precios de las Obras completas
de:

Pablo Neruda
Juana de Ibarbourou
Delmira Agustini
Federico García Lorca
Antonio Machado
Juan Ramón Jiménez
José Martí
Dámaso Alonso
Camilo José Cela
Rosalia de Castro
Marcelino Menéndez Pelayo
Ramón Menéndez Pidal.

En espera de sus noticias, quedamos muy atentamente,

UNIVERSIDAD CENTRAL DE VENEZUELA


Antonio Marcos Jiménez
Bibliotecario

AMJ/js

P.D. Por favor, todos los precios en dólares.
VALE

**LA FACTURA CONSULAR:** Corresponde al comercio de importación. Es un documento oficial, generalmente por cuadruplicado, expedido por el Cónsul del país hacia donde se envía la mercancía. Pongamos un ejemplo: El Cónsul de Santo Domingo, República Dominicana, acreditado en Santiago, Chile, tiene que expedir Factura Consular de todas las mercancías que se despachen de Santiago para Santo Domingo.

En dicha factura han de consignarse los datos siguientes:

1.—Nombre y dirección de la firma o persona que hace el embarque.

2.—Nombre y dirección del destinatario ,también llamado consignatario.

3.—Nombre del Capitán del barco.

4.—Lugar del embarque y fecha.

5.—Puerto que recibirá la mercancía.

6.—Nombre del barco y nacionalidad.

7.—Numeración de los paquetes. Expresión de lo que contienen. Peso bruto de cada uno.

8.—Valor de la mercancía.

9.—Declaración de la Aduana o declaración arancelaria.

10.—Nombre comercial de las mercancías.

11.—Cuantos detalles se consideren importantes, a manera de observaciones adicionales.

El Cónsul reclamará de la persona que hace el embarque un certificado de que cuantos datos suministra son ciertos. Además, deberá pagar los derechos a la Visa de la factura. Estos derechos reciben el nombre de Derechos Consulares.


**EL CONOCIMIENTO DE EMBARQUE:** Es el contrato celebrado entre el cargador, vendedor y embarcador con la compañía de transporte, a virtud del cual la compañía se compromete a llevar las mercancías hasta el lugar de destino, conforme a las condiciones estipuladas en dicho contrato.

El Conocimiento de Embarque puede ser hecho a la orden, al portador o a favor de otra persona.

En general está establecido, para el Conocimiento de Embarque, que se den, mutuamente, al Cargador y al Capitán que recibe la carga, un Conocimiento que contenga los aspectos o puntos siguientes:

a.—Fecha

b.—Nombre y domicilio del Capitán

c.—Nombre, clase, nacionalidad y toneladas de la nave

d.—Nombres del cargador y del consignatario

e.—Lugar donde se recibe la carga y su destino

f.—Número de paquetes, bultos, objetos, que se han de transportar, debidamente marcados y numerados.

g.—Cantidad convenida para abonar el flete.

Regularmente, se hacen cuatro o seis copias. Todas las copias serán firmadas por el Cargador y por el Capitán. Estas copias se distribuirán, por lo menos, entre las personas siguientes: Una para el Capitán, otra para la casa que vende, otra que ha de ir a la Aduana y una al comprador.

**LA DECLARACIÓN ARANCELARIA:** Es la declaración de Aduana. Esta declaración señala la cantidad que hay que pagar por las mercancías importadas a exportadas, y debe aparecer en la Factura consular.

Valuar los géneros o mercaderías para el pago de los derechos de aduana, o sea la acción de aforar, se denomina "aforo". En general, el aforo se hace basado en la Ley de Arancel de Aduanas.

**LA PÓLIZA DE SEGURO:** Es un contrato por el cual una Compañía se obliga, previo el pago de una prima, a indemnizar las pérdidas que pueda tener una Empresa, Comercio, Entidad o Persona, a virtud de accidentes, pérdidas, etc. Por medio de este contrato o bien se indemniza o bien se paga una cantidad de dinero, previamente convenida. La póliza es el documento en que se hacen constar las condiciones.

Alumno:..............................................................................Fecha..........................................................

1.—¿Qué es una carta comercial?

2.—¿Responden todas las cartas comerciales a un mismo patrón o tipo?

3.—¿En cuántos grupos o unidades podemos clasificar las cartas comerciales si atendemos específicamente al propósito del mensaje? Escriba, a continuación, el nombre de cada grupo o unidad:

a)

b)

c)

4.—Clasifique cada tipo de carta dado a continuación, de acuerdo al grupo o unidad a que pertenece:

|            Tipo de carta:            | Grupo o unidad: |
|--------------------------------------|-----------------|
| De propaganda  ..................................................... |  |
| De oferta de venta .................................................. |  |
| De referencias comerciales ...................................... |  |
| De envío de factura ................................................. |  |
| De cambio de razón social ....................................... |  |
| De reclamación ...................................................... |  |
| De pedido ............................................................. |  |
| De estímulo ........................................................... |  |
| De aviso de vista .................................................... |  |
| De consignación ..................................................... |  |
| De requisitos aduanales ........................................... |  |

5.—¿Constituye la "buena voluntad" o "goodwill" un factor de tipo psicológico?

6.—¿Es fundamental ese factor en las relaciones mercantiles?

7.—¿Cómo definir, de manera práctica, ese factor fundamental?

8.—Cite tres elementos que hacen posible que la carta comercial cumpla, a cabalidad, su función:

a)

b)

c)

9.—¿Cómo ha de ser la carta comercial en su estructura?

10.—¿Deben mantener cohesión las ideas expresadas en cada párrafo?

Capítulo VIII

11.—¿Es aceptable que en una carta comercial se cometan errores sintácticos u ortográficos? ¿Por qué?

12.—¿Puede ser una carta comercial producto de una improvisación?

13.—¿Cree Ud. que toda carta comercial requiere un planeamiento previo? Explique sus razones.

14.—¿Cómo debe elaborarse el plan? ¿En forma flexible o rígido?

15.—Señale los elementos fundamentales que han de tenerse en cuenta en la elaboración del plan para la confección de una carta comercial:

16.—Elabore un plan para una carta comercial de acuse de recibo, atendiendo a los datos siguientes:

Timbre o membrete: Café EL AROMA
                        Ave. Bolívar, 444
                        Bogotá - Colombia

Destinatario: Cornide y Hnos.
                 Café "El Gallego"
                 Casilla Postal, 12
                 Buenos Aires, Argentina

Los señores Cornide y Hnos. solicitaron el envío de 5000 kilogramos de café tostado, Primera clase, para ser pagada la factura a 90 días.

Café EL AROMA (a través de su Gerente, Sr. Abundio Rodríguez) acusa recibo a la carta-pedido de los señores Cornide e informa que las nuevas regulaciones de la empresa limitan a 60 días el pago de las facturas.

Desarrollar la carta en forma tal que predomine la buena voluntad, a pesar de no conceder el pago de la factura a 90 días.

Elabore el plan y borrador en la página siguiente y, a continuación, en la otra página, presente la carta en su forma definitiva. (Preferiblemente, este y todos los ejercicios siguientes —referidos a cartas comerciales— deben ir mecanografiados).

Plan a seguir:

Escriba en la página siguiente el borrador:

Capítulo VIII                                           Ejercicio Núm.................

Alumno:.......................................................................Fecha.................................................

(BORRADOR)

Escriba, en la página siguiente, la carta en su forma definitiva.

17.—Elabore un plan para una carta comercial de solicitud de crédito, atendiendo a los datos siguientes:

Membrete: Teatro "Principal de la Comedia"
               Morazán, 234
               San Pedro Sula, Honduras.

Destinatario: Almacenes "El Morro"
                 Materiales de construcción
                 Ave. Hostos, 555
                 San Pedro Sula.

La gerencia del Teatro "Principal de la Comedia", para construir un nuevo edificio, solicita un crédito de Almacenes "EL MORRO" ascendente a la suma de medio millón de Lempiras, para amortizar, con los intereses correspondientes, en un lapso de diez años.

Garantía que ofrece: Banco Internacional de Honduras, la Escritura Pública de propiedad de los terrenos donde se construirá el Teatro y la Escritura Pública del edificio del Cine "América", valorado en doscientas mil Lempiras.

Al elaborar el plan, como paso previo, explique la imperiosa necesidad de sustituir el viejo edificio del "Principal de la Comedia" por uno moderno, con capacidad para dos mil personas, tal como lo viene reclamando la población actual de San Pedro Sula.

Desarrolle toda la carta en una atmósfera de "buena voluntad".

Utilice una despedida sencilla pero sincera, cordial y expresiva.

Escriba el borrador en la página siguiente. Cuando lo termine haga la correspondiente autocrítica. Modifique los aspectos que crea oportunos. Cuide de la redacción y de la ortografía. Después, pase en limpio, esta carta, en la otra página, preferiblemente mecanografiada.

En la página siguiente escriba la carta en su forma definitiva.

Capítulo VIII

Alumno:.................................................................................Fecha.......................................................

18.—Previa elaboración del plan, escriba una carta de orden de crédito mancomunada de acuerdo con los siguientes datos:

Remitente (Membrete): ALMACEN DE CALZADO "LA AURORA"
                                Ave. Arosamena, 879
                                Panamá, Panamá, C.A.

Destinatarios: Sres. Grau y Riera, S. en C., San José, Costa Rica
                      Sr. Manuel García Granado, Guatemala, Guatemala
                      Sres. Durón y Arellano, Tegucigalpa, Honduras

Representante del Almacén "La Aurora" que visitará esas ciudades: Sr. Héctor de la Fuente.

Cantidad a facilitar en mancomún: $5,000.00 dólares

Gerente del Almacén "La Aurora" (que firma) Manuel Espinosa.

Portador (que firma): Héctor de la Fuente.

Plan a seguir: Motivo de la visita del Representante a esas ciudades.
                    Máximo de la cantidad a facilitar.
                    Condiciones para el cobro de las cantidades que entreguen.
                    Constancia de que el portador va provisto de tarjeta de identificación.
                    Expresiones de agradecimiento por las atenciones que dispensen.
                    Despedida cordial.

Redacción del borrador.
Autocrítica.
Revisión de la composición en cuanto a sintaxis y ortografía.

ESCRIBA EL BORRADOR EN LA PAGINA SIGUIENTE

Capítulo VIII

Ejercicio Núm.................

Alumno:.................................................................................Fecha............................................................

(BORRADOR)

Pase en limpio esta carta en la página siguiente. Use el estilo "bloque".

Capítulo VIII                                             Ejercicio Núm..................

Alumno:..........................................................................Fecha:.........................................................

19.—Respuesta que procede a la carta de cobro aislada, enviada por CAFE YAUCO-MATIC de Santurce, P.R., a los Sres. Colón y Córdova, S.A. de Bayamón, P.R. (Ver la carta en el texto.)

Escriba a continuación la respuesta:

20.—Respuesta que procede a las cartas de cobro (en serie) —4— enviada esta última por CAFE YAUCOMATIC, el día 2 de diciembre. (Ver esta carta y las anteriores en el texto).

Escriba a continuación la respuesta:

Alumno:................................................................................................Fecha...................................................

21.—Carta respuesta a la carta de cotización enviada por LIBRERÍA ANTICUARIA ANDRÉS BELLO, de Montevideo, Uruguay, a Ediciones ARS, de Hato Rey, Puerto Rico. (Ver la carta en el texto).

Escriba a continuación la carta que procede:

22.—Carta de consignación. Redacte la carta conforme a los datos que se expresan a continuación:

Remitente (Membrete)

CALENTADORES ELÉCTRICOS "HELGA"
Vía España, 222
Panamá, Panamá, C.A.

Destinatario: Sres. Feito y Cabezón, S.A.
Olmedo, 987 Este
Guayaquil, Ecuador

Redacte el plan.

(a) Destacar las excelentes referencias que tienen en su poder.

(b) Expresar el deseo de enviar mercancías en consignación.

(c) Dar a conocer los distintos tipos de calentadores que fabrican.

(d) Enviar relación de precios.

(e) Consignar los descuentos que pueden hacer.

(f) Desarrollar la comunicación en un ambiente de "buena voluntad" que atraiga al cliente.

(g) Prometer la mayor atención.

(h) Despedida.

Escriba el borrador.

Haga la correspondiente autocrítica, situándose en lugar del destinatario.
Revise cuidadosamente la sintaxis y la ortografía empleadas.

ESCRIBA EL BORRADOR EN LA PAGINA SIGUIENTE

Alumno:.................................................................................Fecha....................................................

(BORRADOR)

Pase en limpio esta carta en la página siguiente. Use el estilo "inverso"

23.—Carta de petición de referencias. Redacte una carta de acuerdo con los datos que se expresan a continuación:

Remitente (Membrete):

ROYAL BANK OF CANADA
Montalvo, 554
Quito, Ecuador

Destinatario: Sr. Miguel Molina González
Presidente del Banco de Carolina del Norte
Encinas, 2234 Norte
Lima, Perú

Referencias sobre: Sr. Rafael Z. Domenech, aspirante a la plaza de Jefe del Departamento de Publicidad.

Referencias relativas a: A) Capacidad como Publicitario

B) Conducta

C) Relaciones con Jefes y Empleados

D) Motivos por los cuales no continuó en el Departamento de Publicidad de ese Banco.

E) Educación y carácter.

Carácter de esta carta: Confidencial y Personal.

ESCRIBA EL BORRADOR EN LA PAGINA SIGUIENTE

(BORRADOR)

Revise la construcción y la ortografía empleados.

Firma la carta por Royal Bank of Canadá: René Pérez Sáez - Presidente.

Pase en limpio la carta, mecanografiada, en la página siguiente:

Alumno:.................................................................................Fecha.........................................................

24.—Carta de estímulo. Redacte una carta de acuerdo con los datos que se ofrecen a continuación:

Remitente (Membrete) FUNDACION EDUCACIONAL LATINOAMERICANA
Avenida José Martí, 669
Caracas, Venezuela.

Destinatario: Sr. Roberto Infiesta García
Secretario de la Sociedad Cultural "Andrés Bello"
Universidad Central
Caracas, Venezuela.

Plan general:

(a) Saludo

(b) Destacar algunos de los fines fundamentales de Fundación Educacional Latinoamericana, para la ayuda económica de alumnos de excelente expediente académico.

(c) Expresar que, por referencias directas recibidas del Sr. Secretario General de la Universidad, la institución tiene conocimiento de las altas calificaciones que ha venido obteniendo en la Escuela de Filosofía y Letras, de la Facultad de Humanidades, de esa universidad.

(d) Ofrecerle una beca, de 20,000 Bolívares al año, para que pueda dedicar más atención a estudios e investigaciones en el campo de la Literatura Hispanoamericana de los siglos XIX y XX.

(e) Expresarle, además, que si sus estudios e investigaciones satisfacen a plenitud a los miembros de la Institución, dicha beca continuaría por dos años más, después de su graduación, para visitar las principales bibliotecas de Latinoamérica y realizar estudios específicos sobre valores inmortales como: José Ma. Heredia; Gertrudis Gómez de Avellaneda; Juan Montalvo; José Martí; Rubén Darío; José Enrique Rodó y Enrique José Varona.

(f) Dejar constancia de la gran contribución que su labor representaría para el mejor conocimiento de las letras hispanoamericanas.

(g) Despedida.


ESCRIBA EL BORRADOR EN LA PAGINA SIGUIENTE

Capítulo VIII

Ejercicio Núm..................

Alumno:...........................................................................................Fecha............................................

(BORRADOR)

Firmará por Fundación Educ. Lat., Dr. Federico Alvarez de la Campa
Presidente.

Pasar la carta en limpio, mecanografiada, en la página siguiente:

Capítulo VIII

25.—Carta de cancelación.

Redacte, libremente, el borrador, de una carta de cancelación, con los datos que Ud. desee. Escriba previamente un sencillo esquema o plan:

(a) Número y fecha del pedido

(b) Tiempo que ha decursado desde que se hizo el mismo

(c) Motivo de la cancelación

(d) Mantener, a pesar del carácter de la carta, el indispensable ambiente de "buena voluntad" a fin de no romper las relaciones comerciales.

Revisión de la sintaxis y de la ortografía.

Autocrítica de la carta.

26.—Dé respuesta a la carta que aparece en el texto sobre rectificación de saldo, dirigida por el Dr. Manuel Martínez Márquez a la Droguería "La Mayor".

Plan:

(a) Saludo cordial

(b) Revisión del estado de cuenta del Dr. Martínez

(c) Comprobación del error, cometido por el Depto. de Contabilidad de la Droguería.

(d) Excusas que dejen constancia de la existencia y mantenimiento de un clima de "goodwill" o "buena voluntad".

(e) Inclusión de un nuevo Estado de cuenta, debidamente verificado.

(f) Despedida que refleje, también, el sentimiento de la institución por el involuntario error cometido y promesa de que en lo sucesivo se evitarán estos errores.

Escribir a continuación el borrador:

Revisar la construcción. Autocrítica de la carta. No olvidar el término:
Anexos: (al final).

Alumno:..........................................................................................................Fecha:...........................................................

27.—Carta de propaganda. Redactar una carta de propaganda sobre los elementos que se expresan a continuación:

(a) Jabón de Castilla "Veta Azul"

(b) Fabricación española

(c) Calidad superior de los materiales utilizados en su fabricación

(d) Valor de la crema de almendras para mantener el cutis fresco, sano, terso.

(e) Perfume suave, discreto, acariciador.

(f) Presentación en pastillas aisladas o cajas conteniendo tres pastillas.

(g) Inclusión de una pastilla de muestra que permitirá, en seguida, comprobar las bondades del producto

(h) Precio económico.

Plan previo:

(a) El jabón de Castilla en la tradición española

(b) La crema de almendras para suavizar el cutis y refrescar la piel

(c) Razones que aconsejan su uso en el hogar

(d) Si es posible incluir breve opinión de un Dermatólogo eminente

(e) Acompañar a la carta un pliego u hoja con dibujo a todo color de una pastilla de jabón y de las tres pastillas colocadas en el estuche o caja.

(f) Referencia que el producto está a la venta en Perfumerías y Establecimientos dedicados al giro.

Remitente:          DISTRIBUIDORA ESPAÑOLA DE PRODUCTOS DE TOCADOR
                         JABÓN DE CASTILLA "VETA AZUL"

Destinatario: Puede ser a persona en particular, puede ser a casas comerciales, etc.

Borrador.

(ESCRIBA EL BORRADOR AL DORSO DE ESTA PÁGINA)

Autocrítica.
Copia en limpio. Presentación estética. Anexos: Ilustración a todo color.

Alumno:................................................................................................Fecha:.................................................................

28.—Carta colectiva. Redacte una carta colectiva ajustada a los datos que se expresan a continuación:

Suscribirán la carta:

Dr. Miguel Pérez Marrero, Dentista
Dr. Ricardo Núñez Díaz, Médico
Ldo. Manuel Tomás Etchandy, Farmacéutico
Dr. Tomás Besada García, Abogado
Dr. Raúl Espinosa Nodal, Notario

La respuesta será dirigida a:

Dr. Miguel Pérez Marrero
Ave. de la Libertad, 56
Santiago, Chile.

Destinatario: Presidente de la Junta de Educación
Santiago, Chile.

Motivo: La imperiosa necesidad de establecer en la ciudad de Santiago —en las distintas áreas— Escuelas Públicas para Adultos, en atención a la cantidad de personas adultas que, por razones de trabajo, se han visto imposibilitadas de terminar los estudios de Enseñanza Elemental e Intermedia.

Razones: El adelanto que en el orden de la cultura y de la educación esto representará para la ciudad de Santiago y, en consecuencia, para la República de Chile.

ESCRIBA EL BORRADOR EN LA PAGINA SIGUIENTE

Alumno:...............................................................................Fecha......................................................

(BORRADOR)

**Autocrítica.** Pase en limpio esta carta en la página siguiente. Use el estilo "sangrado".

Capítulo VIII

29.—¿Qué es una factura consular?

30.—¿Qué datos deben consignarse en una factura consular?

31.—¿A qué llamamos conocimiento de embarque?

32.—¿Qué aspectos deben cumplirse al redactar un conocimiento de embarque?

**33.—¿A qué llamamos declaración arancelaria?**

**34.—¿A qué se denomina aforo?**

**35.—¿Qué es una póliza de seguro?**

# CAPÍTULO IX

**Las cartas oficiales: Solicitud para certificado de servicios. Certificado de servicios. A quien pueda interesar. De nombramiento. De cesantía. De traslado. De comisión de servicios. De aumento de sueldo. Carta abierta.**

## LAS CARTAS OFICIALES

Las cartas y documentos oficiales son aquellos expedidos por funcionarios o empleados de instituciones gubernamentales, ya federales, estatales, provinciales, municipales, etc.

Estos documentos deben caracterizarse por:

1.—Precisión

2.—Claridad

3.—Concisión

4.—Atención a los intereses fundamentales de la nación.

5.—Cortesía en el tratamiento empleado. En otras palabras, un documento oficial debe mantener, como en el documento comercial, el "goodwill" o "buena voluntad", ya que debe estimularse a que las relaciones entre gobernantes y gobernados sean cordiales.

A continuación aparecen cartas y documentos que ilustran objetivamente cuando anteriormente expresamos.

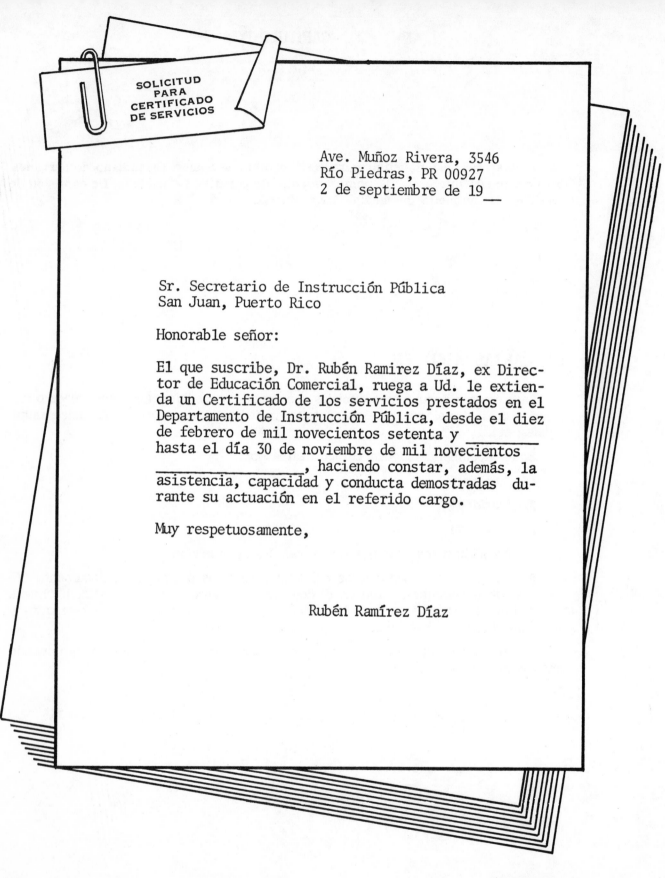

SOLICITUD
PARA
CERTIFICADO
DE SERVICIOS

Ave. Muñoz Rivera, 3546
Río Piedras, PR 00927
2 de septiembre de 19__

Sr. Secretario de Instrucción Pública
San Juan, Puerto Rico

Honorable señor:

El que suscribe, Dr. Rubén Ramirez Díaz, ex Director de Educación Comercial, ruega a Ud. le extienda un Certificado de los servicios prestados en el Departamento de Instrucción Pública, desde el diez de febrero de mil novecientos setenta y _____ hasta el día 30 de noviembre de mil novecientos _____, haciendo constar, además, la asistencia, capacidad y conducta demostradas durante su actuación en el referido cargo.

Muy respetuosamente,


Rubén Ramírez Díaz

CERTIFICADO
DE SERVICIOS

*GOBIERNO DEL ESTADO LIBRE ASOCIADO*
*Departamento de Instrucción Pública*
*San Juan, Puerto Rico*

LICENCIADO MANUEL COLON RIVERA, Sub Secretario Administrativo del Departamento de Instrucción Pública del Estado Libre Asociado de Puerto Rico,

CERTIFICO:

Que según consta en los archivos de esta Sub Secretaría a mi cargo, el Dr. Rubén Ramírez Díaz desempeñó el cargo de DIRECTOR DE EDUCACION COMERCIAL desde el diez de febrero de mil novecientos setenta y _____ hasta el 30 de noviembre de mil novecientos _____, exactamente durante ocho años y nueve meses y veinte días.------------

Que durante este lapso asistió puntualmente, demostró alta capacidad técnica y excelente conducta.--

Y a petición del interesado, expido este Certificado, con el Visto Bueno del Señor Secretario de Instrucción Pública, en San Juan, Puerto Rico, el día treinta de diciembre de mil novecientos _____.

                          Lic. Manuel Colón Rivera
                          Sub Secretario Administrativo.

Vto. Bno.


Dr. Miguel Benitez
Secretario de Instrucción Pública.

Revisado y confrontado por M.García.
Registro de salida número 245,998

**SUPERMERCADO "PUERTA DE TIERRA"**
**Apartado 333**
**Puerta de Tierra, PR 00906**

26 de octubre de 19___

A QUIEN PUEDA INTERESAR:

El Sr. Juan Manuel Negrón Muñoz desempeñó en este Supermercado los cargos siguientes:--------------

Jefe del Departamento de Vegetales, desde el 1°de enero de 19___ al 31 de mayo de 19___.--------------

Jefe del Departamento de Contabilidad, desde el 1° de junio de 19___ al 20 de febrero de 19___.-------

Gerente, desde el 21 de febrero de 19___ al 30 de enero de 19___.-----------------------------------

Total general de años de servicios: 5 años y 30 días. En todos los cargos demostró capacidad y excelente conducta.--------------------------------

Sinceramente,

SUPERMERCADO "PUERTA DE TIERRA"

Manuel Granado Galí
Gerente

MGG:mb

REPUBLICA DE CHILE

Ministerio de Hacienda

1 de febrero de 19__

Sr. Francisco Tovar Ruiz
Contador Público
Ave. Libertad, 75-C
Valparaiso

Señor:

Por Decreto Presidencial número 25,988, de 25 de enero de 19__ ha sido Ud. nombrado Profesor Titular de la Cátedra de LEGISLACION MERCANTIL, INDUSTRIAL Y FISCAL de la Escuela Profesional de Comercio de esa ciudad.  El precitado Decreto ha sido enviado a la Gaceta Oficial de la República para su publicación. No obstante, puede Ud. tomar posesión de dicha Cátedra presentando al Sr. Director de ese Establecimiento el presente Oficio.

Muy atentamente,

Andrés Rivero Montes
Ministro de Educación

REGISTRO GENERAL NUM. 45,678
Dirección General de la Enseñanza Profesional

Antonio Ríos Ríos
Director General.

DE CESANTIA

**REPUBLICA DE BOLIVIA**
MINISTERIO DE OBRAS PUBLICAS

La Paz, 15 de septiembre de 19___

Sr. Francisco Torres Madrazo
Ave. Martí, 45
La Paz

Señor:

En cumplimiento de lo dispuesto en la Ley General
de Presupuestos del Estado, que entrará en vigor
el día 1 de octubre de 19___, comunico a Ud. con
gran pena que, en dicha fecha, cesará Ud. en el
desempeño de su cargo como Auxiliar de Administración, clase 5ta., Departamento de Planificación.
La referida plaza ha sido suprimida para el próximo Año Fiscal.

Atentamente,


Ing. Mateo Cárdenas
Sub Secretario Administrativo

REGISTRO DE SALIDA NUM. 22133
30 de septiembre de 19___

MC/mg

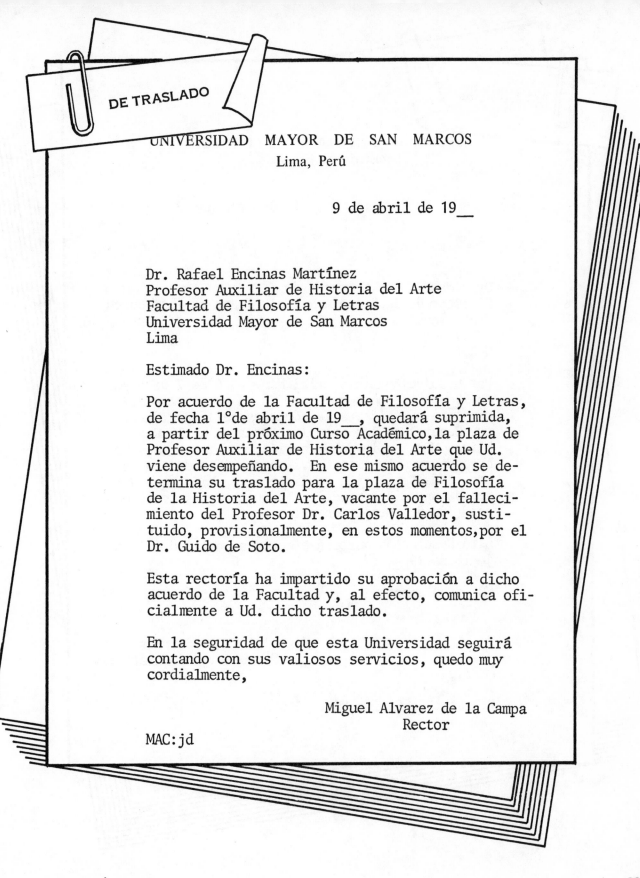

UNIVERSIDAD MAYOR DE SAN MARCOS

Lima, Perú

9 de abril de 19__

Dr. Rafael Encinas Martínez
Profesor Auxiliar de Historia del Arte
Facultad de Filosofía y Letras
Universidad Mayor de San Marcos
Lima

Estimado Dr. Encinas:

Por acuerdo de la Facultad de Filosofía y Letras,
de fecha 1°de abril de 19__, quedará suprimida,
a partir del próximo Curso Académico,la plaza de
Profesor Auxiliar de Historia del Arte que Ud.
viene desempeñando.  En ese mismo acuerdo se determina su traslado para la plaza de Filosofía
de la Historia del Arte, vacante por el falleci-
miento del Profesor Dr. Carlos Valledor, susti-
tuido, provisionalmente, en estos momentos,por el
Dr. Guido de Soto.

Esta rectoría ha impartido su aprobación a dicho
acuerdo de la Facultad y, al efecto, comunica oficialmente a Ud. dicho traslado.

En la seguridad de que esta Universidad seguirá
contando con sus valiosos servicios, quedo muy
cordialmente,

Miguel Alvarez de la Campa
Rector

MAC:jd

REPUBLICA ORIENTAL DEL URUGUAY
Ministerio de Educación

15 de mayo de 19__

Dr. Joaquín Oms Chávez
Director de la Escuela Normal "Juana de Ibarbourou"
Montevideo

Señor:

Por Resolución Ministerial Núm. 4566 de 7 de mayo
de 19__ se dispone que pase Ud. a prestar servicios, en comisión, a las órdenes del Señor Director General de las Escuelas Normales de la República, Ministerio de Educación, con los mismos haberes que, actualmente, viene percibiendo. En la
precitada Resolución se dispone, también, que Ud.
reciba una dieta especial, adicional, de trescien-
tos (300.00) pesos mensuales.

Esta Resolución surtirá efectos a partir del 1°de
junio de 19__.

Muy atentamente,

Miguel Artigas Barrios
Sub Secretario Administrativo

MAB/jg

Registro de Salida Núm. 5566765

Capítulo IX

FUNDACION EDUCACIONAL LATINOAMERICANA

Cerrada de Vallarta 480                                    México 4, D.F.

2 de septiembre de 19__

Estimada Señorita Salabarría:

En nuestro poder su carta de 7 de agosto, donde re-
laciona sus actividades profesionales en la ciudad
de Monterrey y donde expone, además, las necesidades fundamentales de esa oficina.  Su carta ha sido trasladada al Sr. Presidente para su consideración.

Aprovechamos la oportunidad para informarle que,
por acuerdo del Consejo Directivo, a partir del 1°
de octubre de 19__ recibirá un aumento de sueldo
que elevará el mismo a la cantidad de $30,000.00
(treinta mil pesos) anuales.

Esperamos que esta noticia le sea muy grata.

Muy cordialmente,

Juan H. Pozo
Secretario

Srta. Carmen Salabarría
Zacatecas  339
México, D.F.

JHP:sb

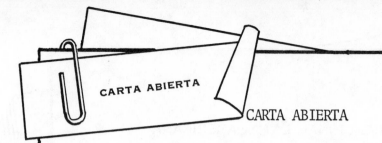

CARTA ABIERTA

Al Señor Ministro de Educación:

Acabo de leer en la prensa que Ud. ha dado su aprobación al informe de la Comisión Revisora de los Planes de Estudios para las Escuelas Profesionales de Comercio. He leido detenidamente dicho informe y considero que debo exponer a Ud., públicamente, a debido tiempo, los grandes errores de que adolecen los nuevos Planes de Estudios que dicha Comisión ha elaborado. Errores que, de no salvarse a debido tiempo, minarán las estructuras técnicas de estos importantes establecimientos docentes, forjadores del personal idóneo, tanto en los aspectos mercantiles, comerciales, económicos, como en el secretarial.

1. Se suprimen los cursos de Inglés Comercial. Esto anula toda posibilidad de obtener personal bilingüe en una época en que las relaciones comerciales con los países de habla inglesa se aumentan por día.

2. Se suprimen los cursos de Composición y Redacción, que son fundamentales, básicos, para los cursos específicos de Correspondencia Comercial, materia esta de singular importancia al Corresponsal, al Contador, al hombre de negocios, al técnico en mercadotecnia, etc.

3. Se suprime, por último, el Curso de Caligrafía Comercial, sin la menor apreciación de lo que este curso representa, en múltiples aspectos, para los graduados de estas Escuelas Profesionales. Múltiples son los documentos y estados que reclaman de una escritura legible, uniforme, clara, precisa, que evite todo tipo de confusiones.

Al Sr. Ministro de Educación. Carta abierta. 2

Estas disciplinas enumeradas constituyen, Señor Ministro, instrumentos indispensables para que las Escuelas Profesionales de Comercio llenen a cabalidad la alta misión que a ellas está encomendada.

La Comisión Revisora de los Planes de Estudios al recomendar la supresión de esos cursos no se ha detenido a pensar en el alcance y proyección de los mismos. En consecuencia, estimamos, con el respaldo de nuestra larga experiencia profesional y profesoral, que dicho informe debe ser sometido -antes de hacerlo ejecutivo- al estudio y consideración de los muy ilustrados Claustros Profesorales de los centros que operan en la república, para que del informe técnico de esos Claustros salga la científica reforma que reclaman estas instituciones docentes.

     Respetuosamente,

       Dr. Miguel Capablanca Loredo
       Profesor Titular por oposición de
       Finanzas Públicas. Director de la
       Escuela Profesional de Comercio de
       San José, Costa Rica.

San José, 22 de junio de 19__

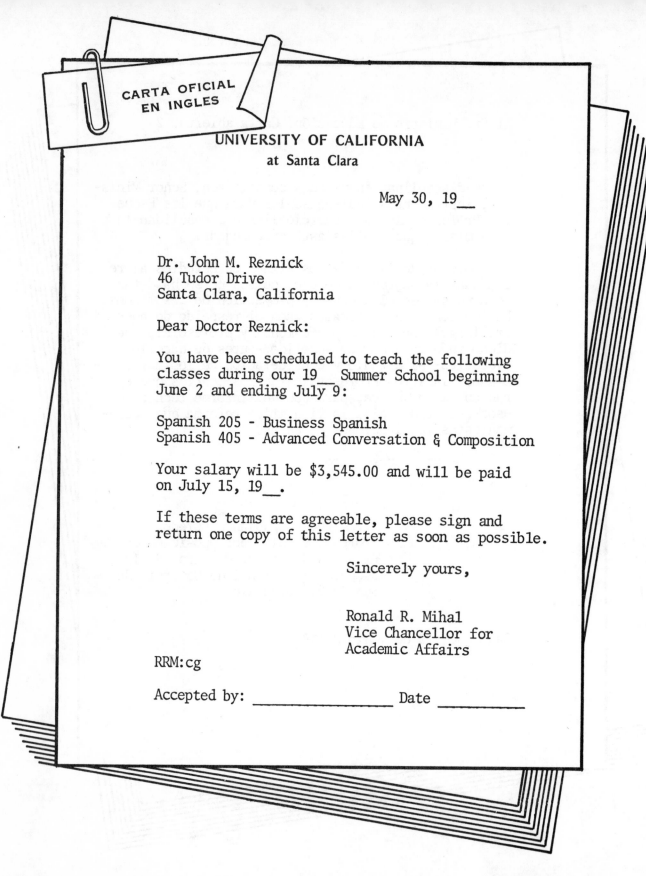

**CARTA OFICIAL EN INGLES**

## UNIVERSITY OF CALIFORNIA
### at Santa Clara

May 30, 19__

Dr. John M. Reznick
46 Tudor Drive
Santa Clara, California

Dear Doctor Reznick:

You have been scheduled to teach the following
classes during our 19__ Summer School beginning
June 2 and ending July 9:

Spanish 205 - Business Spanish
Spanish 405 - Advanced Conversation & Composition

Your salary will be $3,545.00 and will be paid
on July 15, 19__.

If these terms are agreeable, please sign and
return one copy of this letter as soon as possible.

Sincerely yours,

Ronald R. Mihal
Vice Chancellor for
Academic Affairs

RRM:cg

Accepted by: _____ Date _____

**1.**—¿A qué llamamos cartas oficiales?

**2.**—¿Cuáles son las características recomendables para estas cartas?

**3.**—¿Debe mantener la carta oficial ese espíritu de "goodwill" o "buena voluntad" que hemos estudiado?

**4.**—Solicitud de servicios prestados. Redacte una carta con los datos que aparecen a continuación:

**Destinatario:** Ministro de Hacienda
             Dirección: Ministerio de Hacienda
                      Asunción, Paraguay.

**Remitente:**   Rogelio Jiménez Capote
             Dirección: Avenida Sucre, 216
                      Asunción.

**Documento que se solicita:** Certificación de servicios prestados en la Dirección General de Contabilidad, Ministerio de Hacienda, desde el 5 de enero de 19— al 30 de noviembre de 19— (veinte años y diez meses), acreditando, además, en la misma, la capacidad y conducta demostradas durante ese lapso.

**Planificación:**

(a) Saludo
(b) Objeto de la comunicación
(c) Despedida.

Escriba la carta, en la página siguiente, mecanografiada.

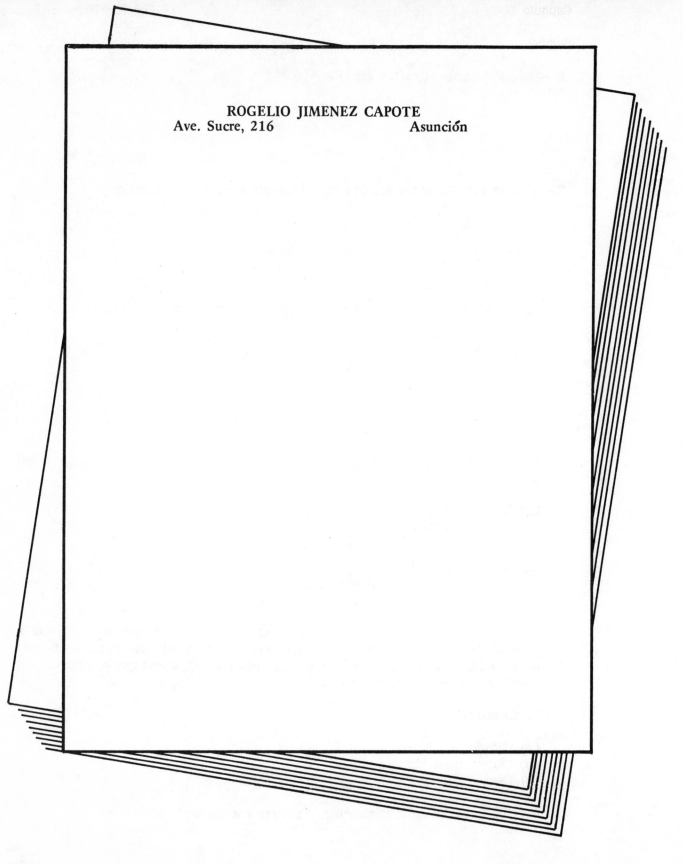

ROGELIO JIMENEZ CAPOTE
Ave. Sucre, 216                    Asunción

5.—Certificado de servicios. Redacte el certificado de servicios que ha de acompañar a la carta del ejercicio núm. 4.

Membrete:              MINISTERIO DE HACIENDA
Paraguay

Persona que certifica: Esteban Carlos Rosales Díaz, Jefe del Negociado de Personal.

Elementos de la certificación: Interesado: Sr. Rogelio Jiménez Capote, Contador Público; años de servicios prestados en la Dirección General de Contabilidad del Ministerio de Hacienda; capacidad y conducta, según los informes anuales que aparecen en su expediente personal.

Persona que firma la certificación: Esteban Carlos Rosales Díaz, Jefe del Negociado de Personal.

Funcionario que da el Visto Bueno (Vto.Bno.): Tomás Orobengoa Batista, Jefe de la Sección de Personal y Bienes.

Planificación previa al borrador:

(a) Revisión de las nóminas correspondientes a los años que señala el Sr. Jiménez Capote en su carta-solicitud.

(b) Esquema numérico de los años de servicios prestados.

(c) Estudio del expediente personal del Sr. Jiménez a los efectos de obtener los datos sobre su capacidad y conducta.

Redacción del borrador:

ESCRIBA EL BORRADOR EN LA PAGINA SIGUIENTE

Revisión y comprobación de los datos expresados en este borrador.

Capítulo IX

Certificación mecanografiada, con expresión del REGISTRO DE SALIDA.

**MINISTERIO DE HACIENDA**
**Paraguay**

6.—A quien pueda interesar (To whom it may concern). Traduzca, al español, el documento siguiente:

November 6, 19—

To whom it may concern:

Dr. Segundo Ríos Riera was employed by the Lincoln School as a teacher of Spanish, Grades 1-9. He is a man of excellent character and his tenure here was marked by a sincere and throughly loyal approach to all his tasks.

Dr. Ríos had a notable record of accomplishments as teacher, author and administrator before joining the staff of the Lincoln School.

I highly recommend him as a person capable of performing with exceptional vigor and interest in any position requiring his talents.

His departure from the Lincoln School was considered with regret by all the students, the teachers and by me. We all thought of him with the highest esteem and admiration.

Respecfully,

Marvin S. Ross

MSR/es

Planificación, previa a la traducción:

(a) Lectura general del documento
(b) Subraye las palabras que no conozca. Use el diccionario.
(c) Subraye los verbos y vea el tiempo en que están empleados.
(d) Haga la traducción de cada párrafo.
(e) Revise la construcción en dicha traducción al español.

Escriba este borrador en la página siguiente. Haga, en el borrador, las correcciones que procedan.

Use el papel timbrado de LINCOLN SCHOOL, de la página siguiente, para pasar en limpio, de ser posible mecanográficamente, dicho borrador.

Preste especial atención a la distribución de los espacios y a la presentación general del documento.

Capítulo IX

Ejercicio Núm.................

Alumno:.........................................................................Fecha:.........................................

(BORRADOR)

# LINCOLN SCHOOL
### 1911 SEVILLA AVENUE, CORAL GABLES, FLORIDA

Marvin S. Ross: Headmaster

Los documentos mercantiles o comerciales: El cheque. El endoso. El depósito bancario. La nota de crédito. La nota de débito. El recibo. El vale. El protesto. La factura. La etiqueta o marbete. La letra de cambio. La libranza. El pagaré. El contrato. La nómina. La minuta y el acta.

## EL CHEQUE

El cheque es un instrumento de pago. Es una orden de pago girada contra un documento de crédito.

Generalmente, en los cheques, aparecen los datos siguientes:

1. Nombre y dirección del depositante. Si se quiere, también, el teléfono. El depositante es el girador o librador.

2. El número del cheque. O un espacio en blanco para poner el núm.

3. La fecha de la orden de pago.

4. La expresión: PÁGUESE A LA ORDEN DE

5. Nombre de la persona o empresa o entidad que recibirá la cantidad que en el documento se indique. La persona, empresa o entidad, recibe el nombre de "tenedor" o "tomador".

6. La cantidad de dinero que debe pagarse. Primero con cifras y a continuación con letras.

7. Membrete del Banco.

8. Número que el Banco ha asignado a la cuenta bancaria.

9. Una línea en blanco que se inicia con una de estas palabras: "Por" o "Para", a los efectos de anotar, si se desea, el motivo o razón del cheque.

10. Una línea, en blanco, donde firmará el poseedor de la cuenta o depositante.

Veamos un ejemplo:

```
┌─────────────────────────────────────────────────────────────────────┐
│  IMPORTADORA  Y  DISTRIBUIDORA  ELECTRÓNICA, S.A. (1)   No.............(2)  │
│                 Artigas, 56              Montevideo                         │
│                                                                            │
│                              .........de.................de 19........(3)   │
│  Páguese a                                                                 │
│  la orden de (4).............................................(5)  $.........(6) │
│                                                                            │
│  ...........................................................pesos          │
│                                                                            │
│     BANCO  NACIONAL  DEL  COMERCIO                                          │
│     Montevideo                 Uruguay  (7)                                │
│     353 00886   9955 3   (8)                                               │
│                                                                            │
│  Para ............................ (9)      ............................ (10) │
└─────────────────────────────────────────────────────────────────────┘
```

## EL ENDOSO

Es un texto que se escribe, generalmente, en el dorso del cheque u otro documento de crédito, por el cual el tenedor o propietario dispone que el pago sea hecho a otra persona o entidad. Por ejemplo

Páguese al Sr. Miguel Angel Díaz

**Juan Martínez** (Firma de Juan Martínez que es el tenedor o propietario y en este caso el endosante).

## EL DEPÓSITO BANCARIO

Es prácticamente un contrato en que el depositante entrega una suma determinada de dinero al Banco (depositario), el que se compromete a devolverla, según el tipo de Cuenta (Corriente, de Ahorro,... etc.), ya "a la vista", ya a determinado "plazo".

Estos depósitos se hacen en modelos impresos que facilita el propio Banco.

## LA NOTA DE CRÉDITO

Es, sencillamente, una comunicación donde se informa al cliente que, por una u otra causa, se ha recibido más dinero y que procede abonar a su cuenta ese exceso. Generalmente, las instituciones bancarias, empresas comerciales, etc. usan una forma o modelo impreso llamado Nota de Crédito. Por ejemplo:

**BLOQUES DE HORMIGÓN REX, S.A.**
Parque, 3324          Santurce, PR 00909

NOTA DE CRÉDITO No. 4577

<u>27</u> de <u>septiembre</u> de <u>19</u>......

Sres. Hernández, Hnos. y Cía.
Ave. El Salvador
Río Piedras, PR 00928

En el día de la fecha hemos acreditado en su estimable cuenta la cantidad de <u>CUATROCIENTOS DOLARES ($400.00)</u> por concepto de:

| 400 | Bloques de cemento | | |
|-----|--------------------|---|---|
| | Factura No. A-7768 | $1. c/u | $400. |

Muy atentamente,

BLOQUES DE HORMIGÓN REX, S.A.

R. Ferrán
Gerente

# LA NOTA DE DÉBITO

Es, sencillamente, una comunicación, donde se informa al cliente que, por una u otra causa, (errores en los precios, equivocación de un empleado, etc.) se hace necesario aumentar su saldo. En idéntica forma que en caso anterior se usa un modelo impreso llamado Nota de Débito. Por ejemplo:

## BLOQUES DE HORMIGÓN REX, S.A.
Parque, 3324          Santurce, PR 00909

NOTA DE DÉBITO No. 233

27 de diciembre de 19......

Sr. José María González
Apartado, 324
Santurce, PR 00909

En el día de la fecha hemos cargado en su estimable cuenta la cantidad de DOSCIENTOS DOLARES ($200.00)

por

Omisión de 200 bloques de

cemento. Factura No. A-9616. $1. c/u          $200.00

Muy atentamente,

BLOQUES DE HORMIGÓN REX, S.A.

R. Ferrán
Gerente

# EL RECIBO

Es un documento firmado en el que se declara haber recibido algo.

Hay variedad de modelos. Generalmente, en el comercio se adquieren talonarios de recibos impresos para facilitar la confección de los mismos, en los que solamente es necesario llenar los espacios que aparecen en blanco. Por lo regular estos talonarios constan de dos partes: una más pequeña, a la izquierda, que es el talón o matriz donde se escriben los datos fundamentales del recibo; y el recibo, propiamente dicho, a la derecha.

Para facilitar el trabajo, o sea para no tener que hacer ese extracto del recibo, hay en el mercado talonarios impresos en papeles de dos colores, por ejemplo, blanco y amarillo. El blanco es el recibo original y el amarillo queda en el talonario como copia, utilizando entre ambos papeles un papel carbón. Actualmente, existe en el mercado un tipo de papel que, sin necesidad de usar el papel carbón, reproduce en la página o páginas siguientes el texto escrito.

Veamos algunos ejemplos de recibos

PONTE, RÍOS Y CÍA.
P. O. Box 666
Humacao, PR 00661

20 de julio de 19......

No. 3478

Recibimos del Sr. Manuel Navarro Martínez, la cantidad de MIL DOSCIENTOS CINCUENTA DÓLARES ($1,250.00), por abono a su Factura No. XY-27-657.

PONTE, RÍOS Y CÍA.

Baltasar Pérez Pérez
Gerente

Número..................

Recibí de ....................................................................................................

la cantidad de .............................................................................................

por .............................................................................................................

....................................................................................................................

Fecha: ............................, ........de................................de 19........

....................................................................

---

POLARIS CENTER, S.A.

No. 112

Fecha: 17 - Feb. 1 19......

Sr. Domingo Cardoso

800 Colones

por

Refrigerador Polaris

Verde

POLARIS CENTER, S.A.
Independencia, 45
San Salvador, El Salvador

No. 112

17 de febrero de 19......

Recibimos del Sr. Domingo Cardoso

la cantidad de OCHOCIENTOS COLONES

por la compra de un refrigerador marca

Polaris, color verde.

POLARIS CENTER, S.A.

René Ramírez Hernández
Tesorero

## EL VALE

Es un sencillo documento que representa un valor convertible en dinero.

Veamos un ejemplo:

ALAMO FENCE, INC.
Emmanuelli, 789      Hato Rey, P.R.

VALE por   *Cincuenta dólares*                              $ *50.00*

por   *anticipo del salario semanal*

al Sr.   *Pablo Torres Oliver*

Fecha:   *7*   de   *noviembre*              de 19 _____

_____
Firma

El VALE será firmado por quien recibe el dinero, en este caso, Pablo Torres Oliver.


## EL PROTESTO

Los documentos de crédito más en uso son la Letra de Cambio, el Cheque y el Pagaré. Los dos primeros son órdenes de pago, el Pagaré es una promesa de pago.

El PROTESTO es una diligencia que se practica ante Notario al no ser pagado o aceptado un instrumento de pago. En otras palabras, es el acto donde se hace constar la falta de aceptación o la falta de pago de un documento de crédito. El documento protestado es llamado documento desairado. El poseedor de un documento protestado puede establecer demanda de cobro ante un tribunal de justicia.

# LA FACTURA

La factura comercial es, sencillamente, una cuenta detallada de las mercancías compradas o vendidas; es un documento que expide el vendedor.

Veamos un ejemplo:

## PAPELERÍA VERACRUZANA, S.A.
San Jerónimo 456     México, D.F.

Fecha: 15 de mayo de 19......

FACTURA NÚMERO 25,433

Sres. Lobo, Rabasa y Cía.

Laguna del Carmen 564 - México, D.F.

Términos: De contado

Debe:

| | | |
|---|---|---:|
| 200 | Resmas de Papel DUPLICATOR Blanco, 20 libras, 8½ × 11, a $3.00 la resma | $600.00 |
| 100 | Resmas de Papel MIMEÓGRAFO Blanco, 20 libras, 8½ × 11, a $2.50 la resma | 250.00 |
| 300 | Resmas de Papel CUBIERTA Azul, 40 libras, 8½ × 11, a $4.00 la resma | 1200.00 |
| 50 | Cajas de sobre OFICIAL, (500 sobres c/u) Blanco, a $5.00 la caja | 250.00 |
| | Subtotal | 2300.00 |
| | 10% Descuento especial | 230.00 |
| | TOTAL GENERAL | $2070.00 |

## LA ETIQUETA O MARBETE

Para el despacho de paquetes se usan etiquetas o marbetes, hechos, de cartón o cartulina, con una perforación, reforzada con material especial, por donde pasa un cordel para amarrar o unir al paquete o bulto. También, actualmente, se usan etiquetas engomadas que se pegan fácilmente al paquete.

El propósito de estos instrumentos es facilitar que el paquete o bulto llegue a su destino sin problemas. Generalmente, llevan el membrete de la casa comercial que hace el envío, y, a continuación, el nombre y dirección del destinatario, así como el peso del paquete, las medidas del mismo y cualquier otro dato que se desee consignar.

Ejemplos:

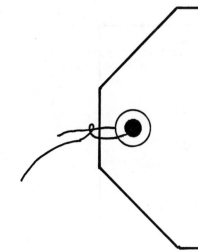

IMPORTADORA Y DISTRIBUIDORA REX, S.A.
Henríquez Ureña, 555
Santo Domingo - REPÚBLICA DOMINICANA

Sres. SOLÍS, ENTRIALGO Y COMPAÑÍA
LA MODA
Fabio Fiallo, 65 A
San Pedro de Macorís, R.D.

Peso: 12 libras

PUBLICIDAD "GEYSA"
Apartado 1124
Santo Domingo, R.D.

Sr. Danilo García Rodríguez
Máximo Gómez, 90
Baní, R.D.

VIA AÉREA

# LA LETRA DE CAMBIO

Es un intrumento de pago, es un título de crédito, por el cual una persona exige a otra pagar determinada cantidad de dinero a la orden de un tercero en el tiempo y lugar convenidos.

Es una orden que se produce por escrito, dirigida por una persona a otra, firmada por la persona que libra (librador o girador es la persona que da la orden de pagar), requiriendo a aquella a quien va dirigida (que es el librado o girado o sea el que debe efectuar el pago) a que pague a la persona a cuyo favor se extiende el documento (que es el tenedor) cierta cantidad de dinero, ya a la vista, ya a una fecha prefijada.

Veamos un ejemplo:

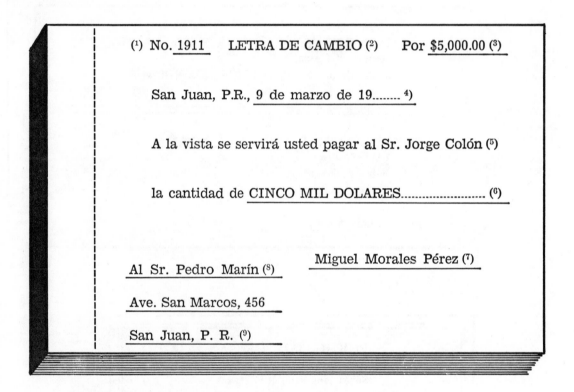

(1) No. 1911    LETRA DE CAMBIO (2)    Por $5,000.00 (3)

San Juan, P.R., 9 de marzo de 19........ 4)

A la vista se servirá usted pagar al Sr. Jorge Colón (5)

la cantidad de CINCO MIL DOLARES........................ (6)

Al Sr. Pedro Marín (8)          Miguel Morales Pérez (7)

Ave. San Marcos, 456

San Juan, P. R. (9)

(1) Número de orden que tiene el instrumento (No. 1911)
(2) Nombre que recibe el instrumento (Letra de Cambio)
(3) La cantidad expresada en cifras
(4) Fecha del documento
(5) Persona a cuya orden debe efectuarse el pago (Jorge Colón). Que es el tenedor.
(6) La cantidad expresada en letras
(7) Persona que libra, librador o girador (Miguel Morales Pérez)
(8) Persona que debe pagar o librado (Pedro Marín)
(9) Lugar donde debe efectuarse el pago (San Juan, Puerto Rico)

La Letra de Cambio se extiende por escrito en formularios impresos.

Los formularios varían, lo que importa es que el documento lleve los datos que, en cada país, precisa el Código de Comercio respectivo. Veamos otros ejemplos:

---

### LETRA DE CAMBIO

Núm. 69                                                              Son Bs. 7,000.00

Valencia, 28 de octubre de 19.......

A treinta días vista se servirá Ud. mandar a pagar por esta mi primera

de cambio, a la orden de los Sres. F. García y Cía. la cantidad de

SIETE MIL BOLÍVARES ...................................................................................

                                        Miguel Jaramillo

A Importadora Electrónica, S.A.
Bolívar, 233
Caracas.

---

### LETRA DE CAMBIO

No. 550                                                              Por $2500.00

                                        Montevideo, 2 de enero de 19......

El 2 de abril de 19...... se servirá Ud. pagar por esta

ÚNICA DE CAMBIO, al Sr. Miguel Zúñiga la cantidad

de DOS MIL QUINIENTOS PESOS.................................

                                        Rafael Tristá

Al Sr. José González
Montevideo.

Aceptada: José González

## LA LIBRANZA

Es un instrumento de pago, similar a la Letra de Cambio. La libranza es una carta, que cuando es "a la orden" (o sea que puede ser transferible por endoso), equivale a la Letra de Cambio propiamente dicha.

## EL PAGARÉ

Es un documento que contiene una promesa de pago en un tiempo previamente estipulado.

En las compras que no se hacen al contado se usa el Pagaré, e igualmente para préstamos.

La persona que presta el dinero se llama **mutuante** y el que lo recibe se llama **mutuario.**

La cantidad que se recibe o adeuda devenga interés.

Un Pagaré puede estar firmado por dos o más personas. En este caso todos los que firman son responsables, o sea se les considera mancomunados.

La redacción del Pagaré no obedece a un patrón especial, en consecuencia, la redacción puede variar. Generalmente se hacen en formularios o modelos impresos, con espacios en blanco muy fáciles de llenar.

Veamos dos ejemplos:

DEBO Y PAGARÉ a treinta días fecha y a la orden del Sr. Miguel Alvarez de la Campa, la cantidad de TRES MIL LEMPIRAS (3,000.00) más los intereses al ocho y medio por ciento anual.

San Pedro Sula, Honduras, 12 de agosto de 19......

Osvaldo López Fernández.

# PAGARE

Número......................

Fecha de vencimiento:............................................................ de

................................................................................de mil novecientos

...................................................................................; a la orden de

la cantidad de ...............................................................................

(                    ) valor recibido en...............................................

.................................................................................con interés al

................................................... anual (                    %), a

partir de la fecha de este documento hasta su total liqui-

dación. ....................................................................

Firmado en la ciudad de..............................................................

a................de...................................................................de  19..............

_____
Firma

## EL CONTRATO

Es un documento que acredita un pacto. Es un convenio entre dos o más personas para constituir o extinguir un vínculo jurídico. En el contrato las partes se obligan recíprocamente. Además, dejan constancia sobre los derechos y obligaciones de las partes contratantes. En consecuencia, las cláusulas o párrafos deben redactarse con claridad y precisión.

Veamos un ejemplo:

# CONTRATO DE ARRENDAMIENTO

*Entre el Sr. Miguel Angel Rodríguez del Rey, mayor de edad, casado, Gerente de la firma comercial H. Hernández e hijos, de esta ciudad, por una parte, y por la otra, el Sr. Valeriano Weyler y Nicolau, mayor de edad, Propietario, se ha acordado el contrato siguiente:*

*1.—Valeriano Weyler y Nicolau, quien en lo sucesivo se llamará el propietario, da en arrendamiento al señor Miguel Angel Rodríguez del Rey, quien en lo sucesivo se llamará el inquilino, la casa de su propiedad, situada en Cuesta La Leona, número 233, Tegucigalpa.—*

*2.—El precio del arrendamiento es de DOSCIENTAS LEMPIRAS mensuales que el inquilino pagará en los cinco primeros días de cada mes. —————————————*

*3.—El inquilino, en el acto de firmar este documento, entregará al propietario un depósito de TRESCIENTAS LEMPIRAS, como fondo de garantía, que será devuelto, siempre que el inmueble se conserve a entera satisfacción del propietario, al finalizar este contrato.————*

*4.—El inquilino no podrá traspasar este contrato a otra persona ni podrá subarrendar el inmueble. ———————————————————————————*

*5.—El inquilino faculta al propietario para el desalojo de la casa al incumplimiento de las condiciones estipuladas en el mismo. ——————————————————*

*6.—Este contrato podrá ser prorrogado, si ambas partes están de acuerdo, al finalizar el primer año. ——————————————————————————————*

*7.—El propietario y el inquilino se comprometen a cumplir lo preceptuado en el presente documento y, al efecto, para la debida constancia firmamos dos ejemplares a un mismo tenor.—*

*Tegucigalpa, 1 de mayo de 19........*


**Valeriano Weyler Nicolau**
Propietario

**Miguel Angel Rodríguez del Rey**
Inquilino

## LA NÓMINA

Es la lista que, de acuerdo con las regulaciones de una empresa, sus necesidades, las leyes vigentes en el país, etc., contiene los nombres y apellidos de los trabajadores o empleados, los salarios que devengan, horas o días trabajados, deducciones por seguros (de enfermedad, de invalidez, etc.), cantidades recibidas por adelantado, saldo del salario, etc.

Regularmente las nóminas, listas o planillas responden a fórmulas especiales, impresas, ajustadas a las disposiciones legales.

Relacionamos a continuación algunos de los epígrafes que aparecen, corrientemente, en las nóminas:

1.—Timbre o membrete de la entidad comercial u oficial a que corresponde la nómina o planilla.

2.—Fecha del período que se va a liquidar. Por ejemplo:
Del 1 de mayo al 15 de mayo de 19......

3.—Número de orden :1, 2, 3, 4, 5..............85, 86, .....etc.

Capítulo X

4.—Nombres y apellidos de los empleados.

5.—Número de la tarjeta de Seguridad Social.

6.—Número de días que ha trabajado dentro del período correspondiente a la nómina. Si es necesario (esto de acuerdo con el sistema de cada empresa): número de horas trabajadas. Número de horas extraordinarias. Valor de cada hora (ordinarias y extraordinarias).

7.—Total del salario devengado.

8.—Deducciones (por seguros, anticipos, etc.)

9.—Salario líquido a cobrar o percibir.

10.—Firma del representante, gerente o director de la empresa.

Cada uno de los apartados enunciados llevará, al final, la suma total, y, en consecuencia, la nómina expresará la cantidad total que se ha pagado, durante el lapso indicado en la misma.

## LA MINUTA Y EL ACTA

El vocablo minuta se utiliza para indicar que se trata del borrador donde aparecen los datos tomados por el secretario o corresponsal durante la celebración de una asamblea, sesión, junta, claustro profesoral, etc.

Cuando la minuta se pasa a otro papel, dándole forma definitiva, toma el nombre de acta.

El acta es, sencillamente, una composición escrita donde se consignan las proposiciones, discusiones, acuerdos, relación de asistentes, quórum, informes, etc.

Por lo regular, en las sesiones o juntas, se sigue un plan previamente elaborado, llamado Orden del día. En dicha Orden del día aparecen detallados los asuntos que se tratarán, estudiarán y discutirán en la reunión o asamblea.

El acta es, generalmente, firmada por el Director, Gerente, Presidente, y el Secretario que actúa.

Siempre el acta debe ir a la sesión siguiente para su lectura, por el Secretario, y para su aprobación o reparos o enmiendas. Ya la aprobación, ya las enmiendas o reparos se consignarán en el acta de esa sesión.

La Orden del día contempla, por lo regular, este orden:

1.—Unas breves palabras de apertura por quien preside la sesión.

2.—Pase de lista para comprobar si hay el quórum requerido para poder celebrar la misma.

3.—Lectura del acta de la sesión anterior. El que presida someterá a votación la referida acta para su aprobación o enmienda.

4.—El presidente informa sobre los asuntos a tratar, se abre el período de discusión, se presentan nuevas proposiciones, se toman acuerdos, etc.

Terminadas las discusiones y tomados los acuerdos y cumplidos los aspectos enumerados en la Orden del día, la persona que preside dá por terminada la sesión.

Veamos a continuación un modelo de acta:

# ACTA NÚMERO 200

1.—En la ciudad de Managua, Nicaragua, a las cinco de la tarde del día catorce de junio de mil novecientos sesenta y siete, se reúnen en la Sala de Conferencias de la Escuela Normal para Maestros, los Profesores de este centro, para elaborar el Plan que habrá de desarrollarse en las Escuelas Públicas y Privadas de esta capital durante la Semana RUBÉN DARÍO, en homenaje a nuestro máximo poeta, que tendrá efecto durante los días cinco al diez de julio de mil novecientos sesenta y siete, en conmemoración al centenario de su nacimiento.———

Preside el Señor Director de la Escuela Normal, Dr. Alberto Hernández Fernández. Actúa de Secretario el Dr. Román Benítez Toledo. ———————————————————

2.—El Presidente abre la sesión. El Secretario, a petición del Presidente, hace el pase de lista: están presentes 52 profesores. Hay quórum para celebrar la sesión. ———————————

3.—El Secretario da lectura al acta de la sesión anterior. Es aprobada por unanimidad.———

4.—El Director informa que, por disposición del Señor Ministro de Educación, tendrá efecto, en todas las Escuelas Públicas y Privadas de la República, la SEMANA RUBÉN DARÍO para conmemorar el CENTENARIO DEL NACIMIENTO del ilustre nicaragüense, Rubén García Sarmiento (RUBÉN DARÍO), cumbre excelsa de las letras hispánicas; y, al efecto, pide a los Profesores de Gramática y Literatura Castellanas que den lectura al Plan que dicha Cátedra ha elaborado. ————————————————————————

5.—En nombre del precitado Grupo I (Gramática y Literatura Castellanas) hace uso de la palabra el Profesor Titular, Jefe de Cátedra, Dr. Sergio R. Alvarez, detallando el referido Plan, su proyección literaria y su valor educacional. ————————————————

6.—El Presidente somete a la consideración del Claustro General dicho Plan. ——————

7.—Por unanimidad se acuerda el Plan propuesto por el Dr. Segio R. Alvarez, en representación del Grupo I. ————————————————————————————————

8.—Pide la palabra el Dr. Manuel Falcón Díaz para proponer que la SEMANA RUBÉN DARÍO sea clausurada, el día 10 de julio, en un Acto Público, a las diez de la mañana, en el Teatro Nacional de Managua, con asistencia de todas las Escuelas Públicas y Privadas, con especial invitación al Honorable Ministro de Educación y al Señor Decano de la Facultad de Filosofía y Letras de la Universidad de León, consagrado investigador del Movimiento Modernista que alcanzó su cima en la figura preclara de Rubén Darío, a fin de que los escolares todos y el pueblo en general puedan oír la voz autorizada del Señor Decano. ————————

9.—El Presidente somete a votación dicha proposición y es aceptada por unanimidad. El Presidente informa que inmediatamente hará contacto con dichas autoridades y con los miembros del Patronato del Teatro Nacional, a los efectos de que el evento tenga la magnitud que corresponde a tan honrosa celebración. ——————————————————————
Y sin otro asunto que tratar, el Presidente da por terminada la sesión. Para constancia se levanta la presente acta.

Román Benítez Toledo<br>
*Secretario*

Visto Bueno

Alberto Hernández Fernández
    *Presidente*

Alumno:............................................................................................Fecha:..........................................

1.—¿Qué es un cheque?

2.—Escriba a continuación los datos que, generalmente, aparecen en un cheque:

a)

b)

c)

d)

e)

f)

g)

h)

i)

j)

3.—Haga el diseño de un cheque y señale los datos con las letras que correspondan:

4.—¿Qué es el endoso?

5.—¿Qué es el depósito bancario?

6.—¿En qué consiste la nota de crédito?

7.—Haga una nota de crédito de acuerdo con los datos siguientes:

$1,500.00 dólares

Concepto: 700 frascos de Perfume "Dalia", según factura Núm. XY-4455

Remitente: Perfumería Galay, S.A.
10 de octubre, 2245
Hato Rey, PR 00918

Destinatario: Sres. Montaner, Fueyo y Cía.
Calle Brasil B-75
Gardenville
Bayamón, PR 00619

Capítulo X

Ejercicio Núm..................

Alumno:...............................................................................Fecha:...................................................

8.—¿En qué consiste la nota de débito?

9.—Haga una nota de débito de acuerdo con los datos siguientes:

$300.00

Por omisión de 100 libros, según factura núm. 3454.

Remitente: Librería Universal
             Casilla Postal 678
             Buenos Aires, Argentina

Destinatario: Librería Fabio Fiallo
               Apartado de Correos 56
               Santo Domingo, República Dominicana.

10.—¿Cuál es la función del recibo?

11.—¿Para qué sirve el talón o matriz?

12.—Haga la matriz y el recibo con los datos siguientes:

Importadora LUX - Rubén Darío, 233 - Managua, Nicaragua, C.A.

Núm. 5,677

Fecha: 10 de octubre de 19......

Destinatario: Rosario Balmisa de Riera

Por $25.00

Para abonar: Lámpara de mesa estilo Francisco I

Suscrito por: Juan M. García - Gerente.

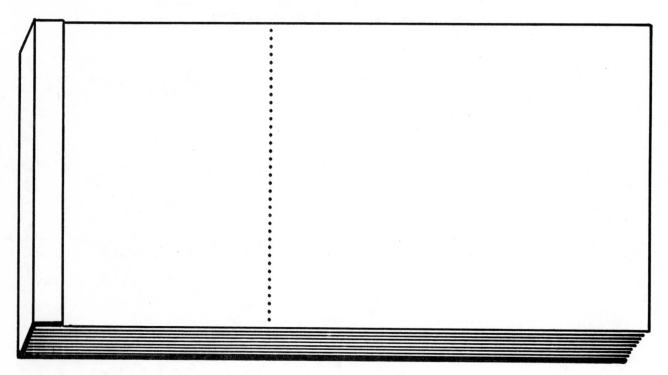

13.—¿Para qué se usan los vales?

Alumno:............................................................................Fecha:............................................

14.—Haga un vale, con los datos que Ud. desee:

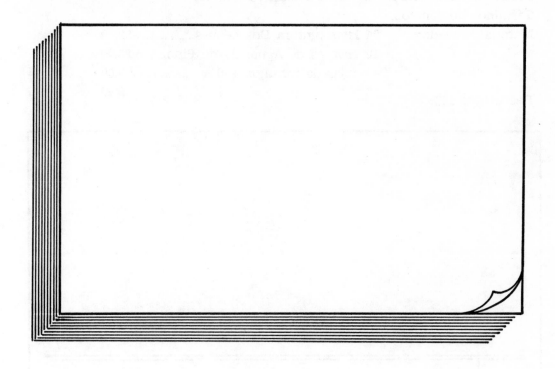

15.—¿Qué es el protesto y ante quien se practica?

16.—¿A qué llamamos factura comercial?

17.—Haga una factura de acuerdo con los datos siguientes:

Destinatario: Ferretería El Sol – Luaces y Colón – San José, Costa Rica

Remitente: Exportadora Nacional – Libertador, 37 Este – Caracas, Venezuela

Fecha: 12 de diciembre de 19...... Factura Núm. 333

Término: De contado.

Material enviado:

| | | |
|---|---|---|
| 24 | latas pintura Dos Leones............... | $52.00 |
| 10 | envases de Aguarrás de Pino...... | 20.00 |
| 48 | cajas de tornillos T70.................... | 9.60 |
| 48 | ”    ”    ”    T71.................... | 9.60 |

Descuento: 15%

Capítulo X                                                      Ejercicio Núm.................

Alumno:...............................................................................Fecha:.....................................................

18.—¿Qué es una etiqueta o marbete?

19.—¿Es la letra de cambio un título de crédito? ¿Por qué?

20.—¿Qué nombre recibe la persona que dá la orden de pagar?

21.—¿Quién es el llamado tenedor?

22.—¿Qué nombre recibe quien debe efectuar el pago?

23.—Haga una letra de cambio sobre los datos siguientes:

Núm.: 5444

Cantidad en cifras: $7650.00

Tenedor: Luis Ríos Companioni.

Librado: Almacenes Eneida – Independencia, 222 – Guayaquil, Ecuador.

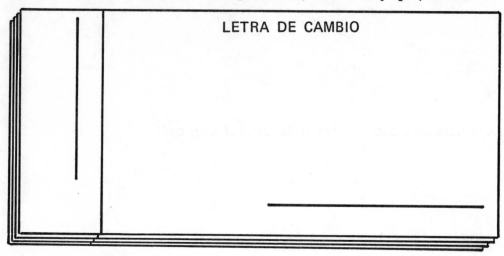

LETRA DE CAMBIO

24.—¿Qué es un pagaré?

25.—Diferencia entre pagaré, letra de cambio y cheque:

26.—¿Cuándo, generalmente, se usa el pagaré?

27.—¿A quién se llama mutuante?

Capítulo X                                    Ejercicio Núm..................

Alumno:...................................................................................Fecha:.....................................................

**28.—¿A quién se llama mutuario?**

**29.—¿Devenga interés la cantidad que se recibe?**

**30.—¿Puede un pagaré estar firmado por dos o más personas?**

**31.—Haga un pagaré sobre los datos siguientes:**

Término: 90 días – Cantidad: siete mil colones.
Mutuario: Roberto Nodal Pérez
Mutuante: Alicia Martínez Gómez
Interés: 5½% anual
Fecha: San Salvador, El Salvador, 15 de julio de 19......

PAGARE

32.—¿Qué es un contrato?



33.—¿Cómo deben ser redactadas las cláusulas de un contrato?



34.—Escriba a continuación el borrador de un contrato de arrendamiento:

Capítulo IX                                    Ejercicio Núm.................

Alumno:..............................................................................Fecha:........................................

35.—Pase en limpio, el anterior borrador, una vez revisado cuidadosamente:

36.—¿Qué es una nómina?

37.—Escriba, a continuación, algunos de los epígrafes que, corrientemente, aparecen en los modelos de nómina.

a)

b)

c)

d)

e)

f)

g)

h)

i)

j)

38.—¿Qué expresamos con el término "minuta"?

39.—¿Qué es un acta?

40.—¿A qué se llama "orden del día"?

Alumno:.................................................................................................Fecha:....................................................

41.—Escriba a continuación una minuta:

42.—Utilice la página siguiente para transcribir esta minuta en forma de acta definitiva:

# ACTA

# CAPÍTULO XI

Vocablos y expresiones en español y en inglés. Aplicación de los vocablos y expresiones estudiadas en el texto para la redacción de cartas bilingües.

**VOCABLOS Y EXPRESIONES EN ESPAÑOL Y EN INGLÉS—continuación.**

**70 RECIBO**
Receipt

**71 LETRA DE CAMBIO**
Letter of exchange

**72 LIBRANZA**
Bill of exchange – Order of payment

**73 PAGARÉ**
Promissory note

**74 PAGADERO A TREINTA DÍAS FECHA**
Payable thirty days after this date

**75 PAGADERO EN MENSUALIDADES**
Payable by monthly installments

**76 PAGO ANTICIPADO**
Advance payment

**77 PAGO CONTRA ENTREGA O COBRO A LA ENTREGA (C.A.E.)**
Cash on delivery (C.O.D.)

**78 SUSPENDER EL PAGO**
To stop payment

**79 HAREMOS CUANTO ESTÉ DE NUESTRA PARTE**
We shall do everything in our power

**80 CRÉDITO**
Credit

**81 DÉBITO**
Debit

**82 FACTURA COMERCIAL**
Commercial invoice

**83 FACTURA CONSULAR**
Consular invoice

**84 CONOCIMIENTO DE EMBARQUE**
Bill of lading

**85 DECLARACIÓN ARANCELARIA**
Customhouse declaration

**86 DERECHOS ARANCELARIOS**
Tariff duties

**87 DERECHOS CONSULARES**
Consular fees

**88 DERECHOS DE ENTRADA (DERECHOS DE IMPORTACIÓN)**
Import duties

**89 DERECHOS DE EXPORTACIÓN**
Export duties

**90 ENDOSAR**
To indorse

**91 ENDOSADO**
Indorsee

**92 ENDOSO**
Indorsement

**93 PAGARÉ**
Promissory note

**94 PROTESTO**
Protest (as of bill of exchange)

**95 MARBETE O ETIQUETA**
Label – Tag

**96 CONTRATO**
Contract – Agreement

**97 NÓMINA**
List (of names) – Payroll

**98 PÓLIZA DE SEGURO**
Insurance policy

**99 ACTAS DE UNA JUNTA**
Minutes of a meeting

**100 LIBRO DE ACTAS**
Book of minutes

**101 ACTA**
Minutes

**102 ADUANA**
Customhouse

**103 AGENTE DE ADUANA**
Customhouse agent or broker

**104 AGENTE DE CAMBIOS**
Broker

**105 ARCHIVAR**
To file

**106 ARCHIVO**
Files – Records

**107 BUZÓN**
Mail box

**108 GANANCIAS Y PÉRDIDAS**
Profit and loss

**109 HIPOTECA**
Mortgage

**110 HIPOTECAR**
To mortgage

**111 HONORARIOS**
Fees

**112 HORAS DE OFICINA**
Office hours

**113 HORAS EXTRAORDINARIAS**
Overtime

**114 SOCIEDAD**
Company – Corporation – Society – Association

**115 SOCIEDAD ANÓNIMA (S.A.)**
Stock company – Corporation

**116 SOCIEDAD EN COMANDITA (S. en C.)**
Limited partnership or company – Partnership in commendam – Commandite

**117 VISTO BUENO (Vto. Bno.)**
Approved – All correct.

**118 ESTAMOS SEGUROS QUE NUESTRAS REFERENCIAS, TANTO BANCARIAS COMO COMERCIALES SERAN DE SU ENTERA SATISFACCIÓN**
We believe you will find our trade and banking references satisfactory.

**119 SENTIMOS INFORMARLES QUE NOS ES IMPOSIBLE ATENDER SU ORDEN DEL 22 DE OCTUBRE POR HABER DESCONTINUADO LOS PRODUCTOS QUE SOLICITAN.**
We regret to advise you that we no longer stock the items listed in your order of October 22nd.

**120 SECRETARIA BILINGÜE – ANUNCIO**
Bilingual Secretary – Advertisement

**121** Posición de responsabilidad como asistente del Presidente de una de las mayores compañías de desarrollo y construcción de Puerto Rico. Necesaria experiencia; hablar y escribir bien en inglés y en español. Salario abierto, vacaciones y seguro. Las personas interesadas pueden llamar para entrevista al 769-6655 de 9 A.M. a 6 P.M., o pueden enviar resume a: MESA, CONSTRUCTORA, INC., Muñoz Rivera esquina a Universidad, Río Piedras.

Position of responsibility as assistant to the President of one of the largest construction and development companies of Puerto Rico. Experience needed: should speak and write English and Spanish. Open salary, vacations and insurance. Interested persons may call for an interview at 769-6655 between the hours of 9 A.M. and 6 P.M., or can send resume to: MESA, CONSTRUCTORA, INC., Muñoz Rivera esquina Universidad, Río Piedras.

**122 RECIBO**
Receipt

**123 A.B.C. CORPORATION**, Laredo, Texas.
Recibí del Sr. Dan W. Rooney
la cantidad de: Quinientos dólares
por la compra de una máquina de escribir eléctrica ABC modelo XY4.
Pago $500.00
Laredo, Texas, 6 de mayo de 19........
A.B.C. Corporation
Tesorero

Received of Mr. Dan W. Roney
the quantity of Five hundred dollars
for the purchase of an electric typewriter ABC model XY4.
Amount paid $50.00
Laredo, Texas, May 6, 19........
A.B.C. Corporation
Treasurer

**124 A QUIEN CORRESPONDA**
To whom it may concern

**125 AGRADECIÉNDOLE SUS ATENCIONES Y EN ESPERA DE OTRA OCASIÓN PARA SERVIRLE, NOS AGRADA REPETIRNOS DE UD., MUY ATENTAMENTE,**

Thanking you for your courtesies and in the hope of having another opportunity to serve you, we are pleased to remain, sincerely yours,

**126 APROVECHO LA OCASIÓN PARA EXPRESAR A UD. EL TESTIMONIO DE MI MÁS ALTA CONSIDERACIÓN**
I take this opportunity to express my high esteem for you

**127 BANCARROTA**
Bankruptcy

**128 CONCEDEMOS EL 20% DE DESCUENTO POR PAGO ADELANTADO**
We allow a 20% discount for early payment

**129 DESEAMOS QUE TENGAN UDES. UN AÑO NUEVO MUY FELIZ Y PRÓSPERO**
We wish you a very happy and prosperous new year

**130 EN ESPERA DE SUS GRATAS ÓRDENES, QUEDAMOS MUY ATENTAMENTE,**
Looking forward to hearing from you, we remain sincerely yours,

**131 ENCARECIDAMENTE SOLICITAMOS QUE NOS CONTESTEN A LA MAYOR BREVEDAD POSIBLE**
We earnestly request that you answer us as soon as possible

**132 ESTE CONTRATO ENTRARÁ EN VIGOR EL DÍA CINCO DE ENERO DE MIL NOVECIENTOS . . .**
This contract will become effective on the fifth day of January in the year of nineteen hundred and . . .

**133 HEMOS HECHO EFECTIVO EL CHEQUE NÚMERO 1885 POR LA CANTIDAD DE $20,000 Y SE HA ABONADO EN SU CUENTA.**
We have cashed check No. 1885 for the amount of $20,000 and it has been credited to your account.

**134 IMPUESTO DE LA RENTA**
Income tax

**135 LIBRO MAYOR**
Ledger

**136 MÁQUINA DE FRANQUEO**
Postage meter

**137 MONEDA**
Coin

**138 MONEDA CORRIENTE**
Currency

**139 OFERTA Y DEMANDA**
Supply and demand

**140 PRESUPUESTO**
Budget

**141 QUEMAZÓN**
Bargain sale

**142 RECLAMAR EN JUICIO**
To sue (law).

**143 ROGAMOS QUE SE COMUNIQUEN CON NUESTRO REPRESENTANTE EN ESA, SR. CARLOS COLEMAN.**
We request that you get in touch with our representative, Mr. Carlos Coleman.

**144 TARJETA DE VISITA**
Visiting card, business card

**145 TARJETA POSTAL**
Post card

**146 TOMAR DINERO A INTERÉS**
To borrow money at interest

**147 ULTRAMAR**
Overseas

**148 YERRO**
Error – Mistake

**149 POR MAYOR (VENDER AL POR MAYOR)**
Wholesale (To sell wholesale)

**150 POR MENOR (VENDER AL POR MENOR O AL DETALLE)**
Retail (To sell retail)

**151 COMO VUESTRA ESTIMADA FIRMA ES UNA QUE MERECE NUESTRA ESPE-
CIAL ATENCIÓN, QUISIÉRAMOS TENER LA OPORTUNIDAD DE ...**
As your esteemed firm is one that deserves our special attenion, we would like
to have the opportunity of ...

**152 NOS ES GRATO INFORMARLES QUE ...**
We are pleased to inform you that ...

**153 NOS ES MUY GRATO INCLUIRLES EL NUEVO CATÁLOGO**
We are very pleased to enclose a new catalog

**154 EN ESPERA DE SUS GRATAS ÓRDENES, QUEDAMOS MUY ATENTAMENTE,**
Looking forward to hearing from you, we remain sincerely yours,

**155 PRÓRROGA**
Extension (of time)

**156 DEBIDO A**
Due to

**157 HEMOS CERRADO, POR UN PERÍODO INDETERMINADO, TODA OPERACIÓN
DE CRÉDITO**
We have closed, for an indefinite period, all of our credit operations

**158 A CAUSA DE**
Because of

**159 DEPRESIÓN ECONÓMICA**
Economic depression

**160 EN ESPERA DE SU GRATA CONTESTACIÓN NOS SUSCRIBIMOS DE UDES.
MUY ATENTAMENTE,**
Looking forward to your kind reply, we remain very truly yours,

**161 EL FIN DE LA PRESENTE ES PARTICIPARLES QUE ...**
This is to advise you that ...

**162 EN ESTOS MOMENTOS ESTAMOS DISPUESTOS A CONCEDERLES UN DES-
CUENTO ESPECIAL DEL 30%.**
At this time, we are willing to grant you a special discount of 30%

**163 HÁGANOS EL FAVOR DE DECIRNOS SI HACEMOS EL EMBARQUE**
Please, let us know if we should make the shipment

**164 QUEDAMOS CON LA MAYOR CONSIDERACIÓN,**
With the greatest consideration, we remain sincerely yours,

## APLICACIÓN DE LOS VOCABLOS Y EXPRESIONES ESTUDIADOS EN EL TEXTO PARA LA REDACCIÓN DE CARTAS BILINGÜES

En el texto aparecen una gran cantidad de vocablos y expresiones, escritos en español y a continuación en inglés. Estos vocablos y expresiones son, fundamentalmente, tomados de modelos de correspondencia mercantil. Por tanto, responden —en cierta forma— a los patrones habituales usados para escribir cartas comerciales en ambos idiomas.

Ya se ha expresado que la carta comercial es un documento breve. Debe ser concisa, clara, precisa; por tanto, la carta comercial no necesita de muchas cláusulas y menos necesita de un lenguaje literario.

Todo esto contribuye a hacer posible modelos o patrones adaptables, desde luego, a las circunstancias o motivos que determinen la redacción de una carta comercial.

Veamos pues, a continuación, usando los vocablos y expresiones que están numerados, cómo es posible, sobre todo para los que comienzan estos estudios secretariales, redactar o hacer fácilmente una carta.

### Modelo A

Asunto: Carta-respuesta a una solicitud de cotización de mercancías.

Información adicional: Dar a conocer el descuento que se concede.

Manera psicológica de atraer al cliente y consolidar la venta: Uso de expresiones de "buena voluntad" o "goodwill".

Fórmula: combinación de expresiones y vocablos. Números 48 - 49 - 128 - 22 - 164.

Veamos:

**48 GRACIAS POR VUESTRA CARTA DE 24 DE OCTUBRE DE 19........ Y POR VUESTRO INTERÉS EN NUESTROS PRODUCTOS.**
Thank you for your letter of October 24, 19........ and for your interest in our products.

**49 TENEMOS EL GUSTO DE ENVIARLE UNA LISTA DETALLADA DE NUESTROS PRECIOS.**
We are happy to enclose a detailed price list.

**128 CONCEDEMOS EL 20% DE DESCUENTO POR PAGO ADELANTADO.**
We allow 20% discount for early payment.

**22 ESPERANDO SU PEDIDO PARA SERVIRLO INMEDITAMENTE**
Awaiting your order to serve you immediately

**164 QUEDAMOS CON LA MAYOR CONSIDERACIÓN,**
With the greatest consideration, we remain sincerely yours,

A continuación aparecen otras cartas, hechas, como la anterior, a base de la combinación de vocablos y expresiones (español e inglés) que aparecen numerados en el libro.

**Modelo B**

La carta de 2 de noviembre de 19........ remitida por Evans & Orrs, Inc., al Lcdo. Tomás A. Etchandy e Hijos, responde a la combinación de vocablos y expresiones siguientes:

Números: 119 - 151 - 153 - 154.

**Modelo C**

La carta de 5 de junio de 19........ remitida por Almacenes Inclán, S.A., al Sr. David Simón, Restaurant "Cataluña", responde a la combinación siguiente:

Números: 34 - 24 - 155 - 156 - 157 - 158 - 159 - 68 - 160.

**Modelo D**

La carta de 30 de julio de 19........ remitida por Almacenes de Calzado "El Encanto", al Sr. J. Muñiz, Peletería "La Época", responde a la combinación siguiente:

Números: 1 - 161 - 162 - 163 - 19.

Estos números, como hemos expresado, representan vocablos o párrafos —en español e inglés— de típica estructura comercial. El estudiante al hacer el correspondiente BORRADOR, o sea al estructurar la carta, deberá escribir, al margen, el número. Esto le facilitará hacer después, si lo desea o necesita, la correspondiente traducción.

Otro asunto a considerar, por el estudiante, es el orden a seguir en la redacción de la carta o preparación del borrador: el primer número inicia el cuerpo o texto de la carta, continuando con los números siguientes para formar las cláusulas o párrafos que la integran, hasta llegar al último número de la fórmula, o combinación, que representa el vocablo o frase que cierra la carta.

Esta fórmula mecánica que ofrecemos —fundamentalmente para la práctica de la correspondencia comercial— no exige ni supone que los vocablos o expresiones numerados en el texto tengan que ser copiados textualmente.

Hay muchos casos en que se puede producir una carta comercial con la copia textual de párrafos; pero en la mayoría de los casos se hace necesario adaptar los párrafos a las circunstancias especiales de la carta que se desea escribir (por ejemplo, cambio de nombres, de fechas, de números de cheques, facturas, recibos, etc.) y, además, añadir o quitar vocablos o expresiones, según sean necesarios o no, para conseguir que la carta tenga un orden natural o lógico y que constituya una composición con unidad sintáctica.

Veamos algunos ejercicios más, siguiendo esta fórmula mecánica, pero introduciendo —cuando sea necesario— elementos nuevos, o suprimiendo elementos cuando estos sobren.

## Modelo E

La carta de 6 de enero de 19........ remitida por la Srta. María Julia de Lara, al Sr. Nicolás Rivero, Director del Diario "El Mercurio", responde a la combinación siguiente:

Números: 6 - 9 - 8 - 19 (Obsérvense los cambios que se han hecho).

## Modelo F

La carta de 25 de mayo de 19........ remitida por Carrandi, Soberón y Cía., a los Sres. Ruiz, Estela y Cía., Publicistas, responde a la combinación siguiente:

Números: 133 - 86 - 79 - 136 - 143 - 27 (Obsérvense los cambios y adiciones que se han hecho).

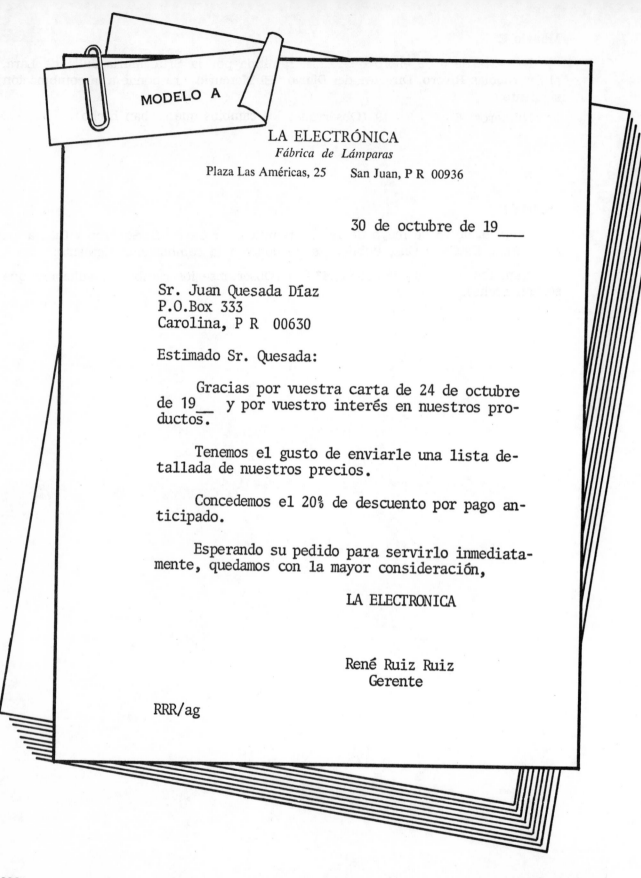

MODELO A

**LA ELECTRÓNICA**
*Fábrica de Lámparas*
Plaza Las Américas, 25     San Juan, P R  00936

30 de octubre de 19___

Sr. Juan Quesada Díaz
P.O.Box 333
Carolina, P R   00630

Estimado Sr. Quesada:

Gracias por vuestra carta de 24 de octubre
de 19___ y por vuestro interés en nuestros productos.

Tenemos el gusto de enviarle una lista detallada de nuestros precios.

Concedemos el 20% de descuento por pago anticipado.

Esperando su pedido para servirlo inmediatamente, quedamos con la mayor consideración,

LA ELECTRONICA

René Ruiz Ruiz
Gerente

RRR/ag

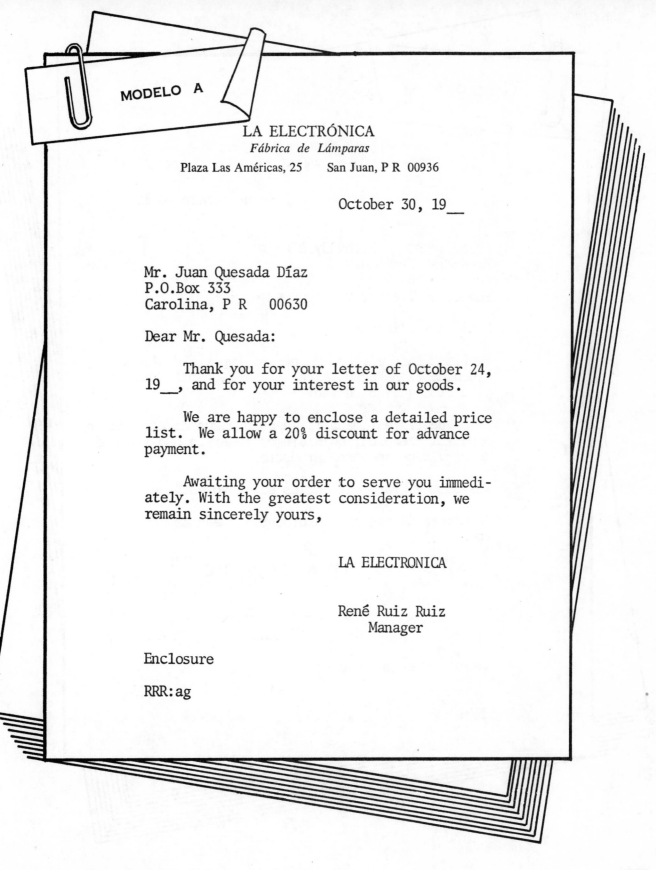

## LA ELECTRÓNICA
*Fábrica de Lámparas*

Plaza Las Américas, 25     San Juan, P R  00936

October 30, 19__

Mr. Juan Quesada Díaz
P.O.Box 333
Carolina, P R    00630

Dear Mr. Quesada:

Thank you for your letter of October 24,
19__, and for your interest in our goods.

We are happy to enclose a detailed price
list.  We allow a 20% discount for advance
payment.

Awaiting your order to serve you immediately. With the greatest consideration, we
remain sincerely yours,

LA ELECTRONICA

René Ruiz Ruiz
Manager

Enclosure

RRR:ag

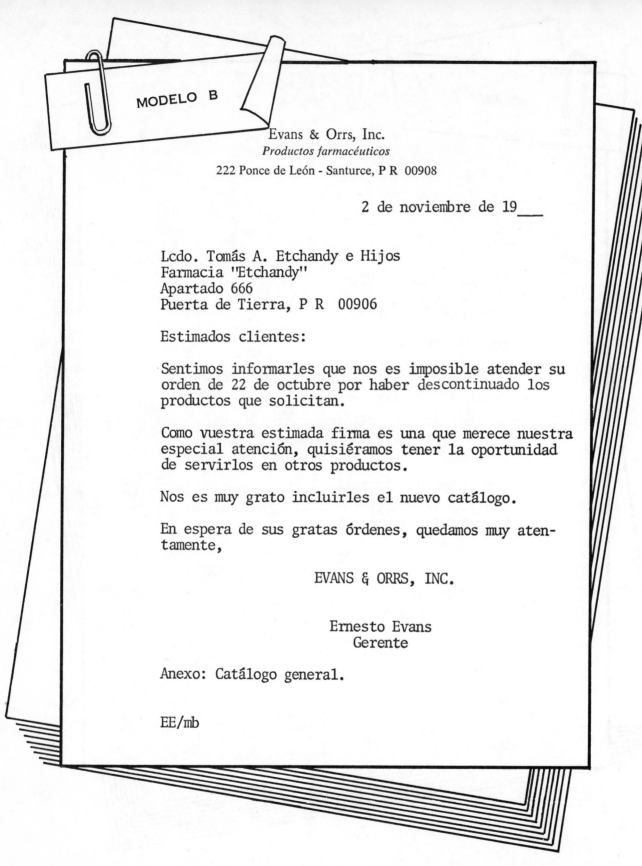

MODELO B

Evans & Orrs, Inc.
*Productos farmacéuticos*
222 Ponce de León - Santurce, P R 00908

2 de noviembre de 19___

Lcdo. Tomás A. Etchandy e Hijos
Farmacia "Etchandy"
Apartado 666
Puerta de Tierra, P R 00906

Estimados clientes:

Sentimos informarles que nos es imposible atender su orden de 22 de octubre por haber descontinuado los productos que solicitan.

Como vuestra estimada firma es una que merece nuestra especial atención, quisiéramos tener la oportunidad de servirlos en otros productos.

Nos es muy grato incluirles el nuevo catálogo.

En espera de sus gratas órdenes, quedamos muy atentamente,

EVANS & ORRS, INC.

Ernesto Evans
Gerente

Anexo: Catálogo general.

EE/mb

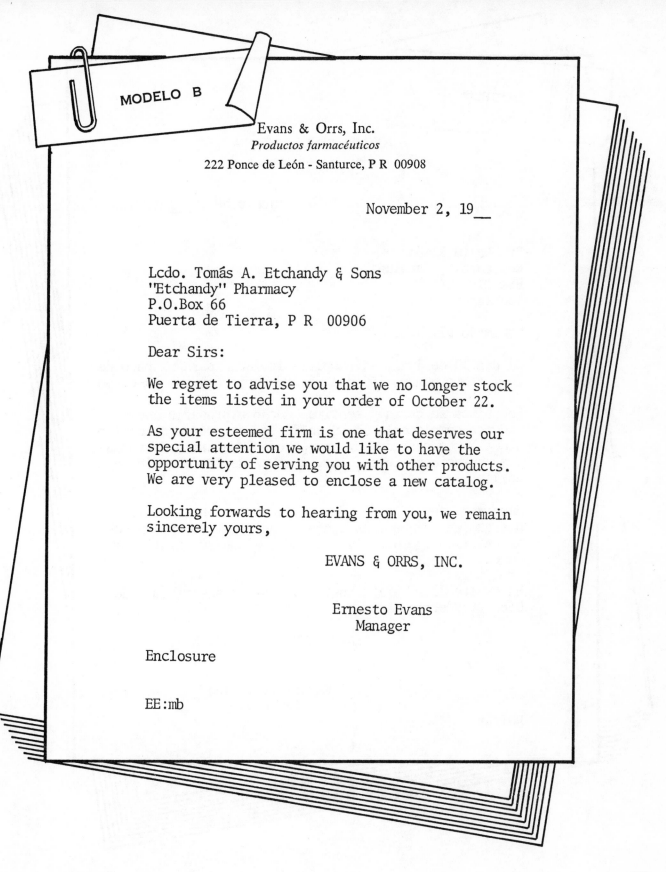

MODELO B

Evans & Orrs, Inc.
*Productos farmacéuticos*
222 Ponce de León - Santurce, P R 00908

November 2, 19___

Lcdo. Tomás A. Etchandy & Sons
"Etchandy" Pharmacy
P.O.Box 66
Puerta de Tierra, P R 00906

Dear Sirs:

We regret to advise you that we no longer stock
the items listed in your order of October 22.

As your esteemed firm is one that deserves our
special attention we would like to have the
opportunity of serving you with other products.
We are very pleased to enclose a new catalog.

Looking forwards to hearing from you, we remain
sincerely yours,

EVANS & ORRS, INC.

Ernesto Evans
Manager

Enclosure

EE:mb

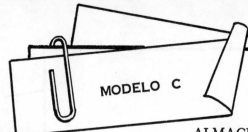

ALMACENES "INCLÁN", S.A.
O'Higgins, 444     Valparaiso, Chile

5 de junio de 19___

Sr. David Simón
Restaurant "Cataluña"
Ercilla, 28
Santiago

Estimado cliente:

El día 10 de junio se cumplirá la fecha para el pago de
la factura número 156 del mes de abril del año en curso.

Recibimos su carta y sentimos mucho expresarle que no
podemos complacerlo en su solicitud de prórroga, debido
a que hemos cerrado por un período indeterminado todas
las operaciones de crédito, a causa de la depresión económica.

Esperamos que esta medida no afecte las buenas relaciones que entre nosotros siempre han existido, y, en consecuencia, siga Ud. favoreciéndonos con sus gratas órdenes.

En espera de su grata contestación nos suscribimos de
Udes. muy atentamente,

ALMACENES "INCLAN", S.A.

Rafael G. Inclán
Gerente

RGI/ar

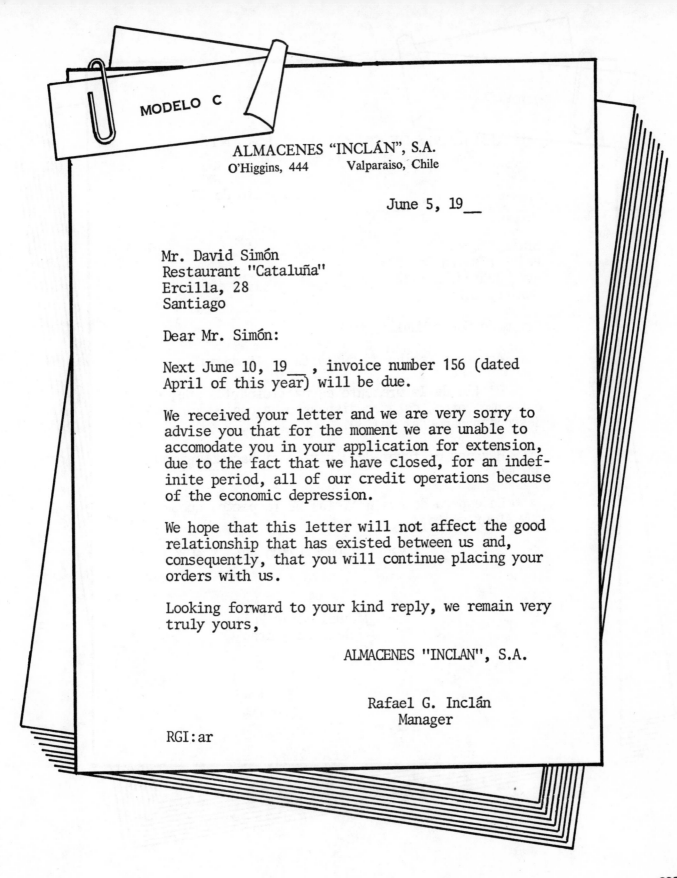

ALMACENES "INCLÁN", S.A.
O'Higgins, 444     Valparaiso, Chile

June 5, 19__

Mr. David Simón
Restaurant "Cataluña"
Ercilla, 28
Santiago

Dear Mr. Simón:

Next June 10, 19__ , invoice number 156 (dated
April of this year) will be due.

We received your letter and we are very sorry to
advise you that for the moment we are unable to
accomodate you in your application for extension,
due to the fact that we have closed, for an indefinite period, all of our credit operations because
of the economic depression.

We hope that this letter will not affect the good
relationship that has existed between us and,
consequently, that you will continue placing your
orders with us.

Looking forward to your kind reply, we remain very
truly yours,

ALMACENES "INCLAN", S.A.

Rafael G. Inclán
Manager

RGI:ar

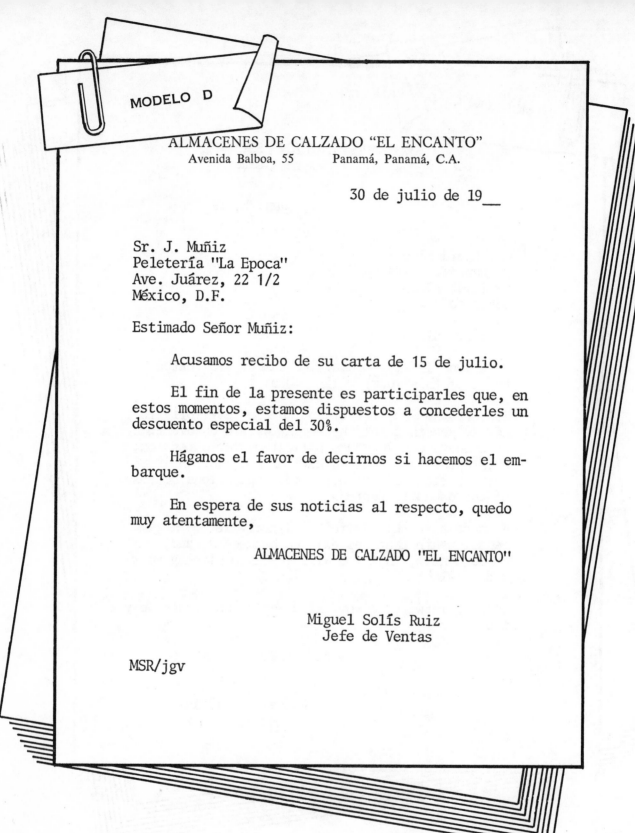

ALMACENES DE CALZADO "EL ENCANTO"

Avenida Balboa, 55        Panamá, Panamá, C.A.

30 de julio de 19__

Sr. J. Muñiz
Peletería "La Epoca"
Ave. Juárez, 22 1/2
México, D.F.

Estimado Señor Muñiz:

Acusamos recibo de su carta de 15 de julio.

El fin de la presente es participarles que, en
estos momentos, estamos dispuestos a concederles un
descuento especial del 30%.

Háganos el favor de decirnos si hacemos el embarque.

En espera de sus noticias al respecto, quedo
muy atentamente,

ALMACENES DE CALZADO "EL ENCANTO"

Miguel Solís Ruiz
Jefe de Ventas

MSR/jgv

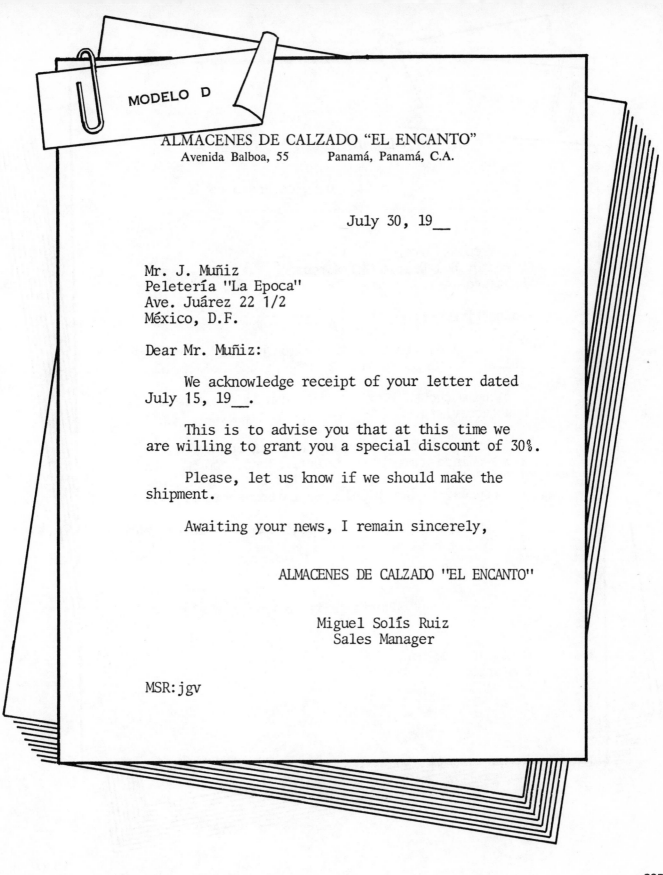

ALMACENES DE CALZADO "EL ENCANTO"
Avenida Balboa, 55      Panamá, Panamá, C.A.


July 30, 19__


Mr. J. Muñiz
Peletería "La Epoca"
Ave. Juárez 22 1/2
México, D.F.

Dear Mr. Muñiz:

We acknowledge receipt of your letter dated
July 15, 19__.

This is to advise you that at this time we
are willing to grant you a special discount of 30%.

Please, let us know if we should make the
shipment.

Awaiting your news, I remain sincerely,


ALMACENES DE CALZADO "EL ENCANTO"


Miguel Solís Ruiz
Sales Manager


MSR:jgv

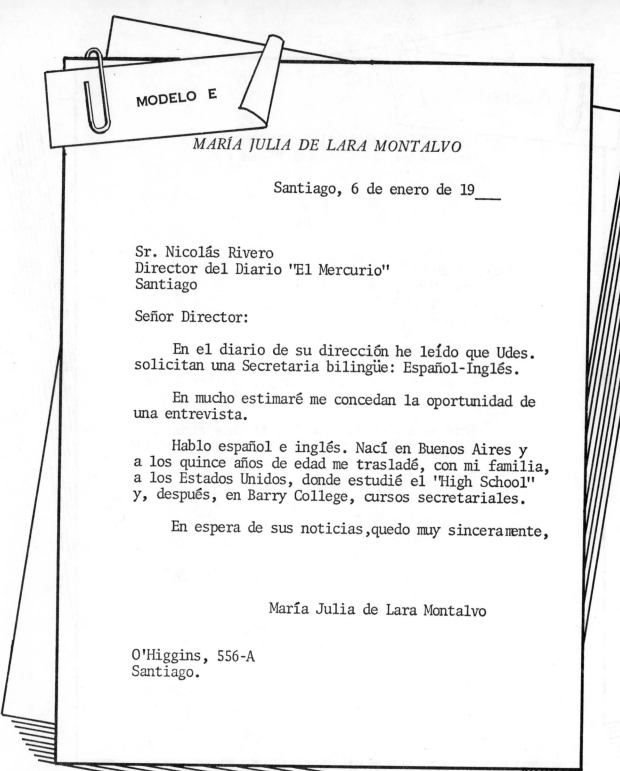

*MARÍA JULIA DE LARA MONTALVO*

Santiago, 6 de enero de 19___

Sr. Nicolás Rivero
Director del Diario "El Mercurio"
Santiago

Señor Director:

En el diario de su dirección he leído que Udes.
solicitan una Secretaria bilingüe: Español-Inglés.

En mucho estimaré me concedan la oportunidad de
una entrevista.

Hablo español e inglés. Nací en Buenos Aires y
a los quince años de edad me trasladé, con mi familia,
a los Estados Unidos, donde estudié el "High School"
y, después, en Barry College, cursos secretariales.

En espera de sus noticias, quedo muy sinceramente,


María Julia de Lara Montalvo


O'Higgins, 556-A
Santiago.

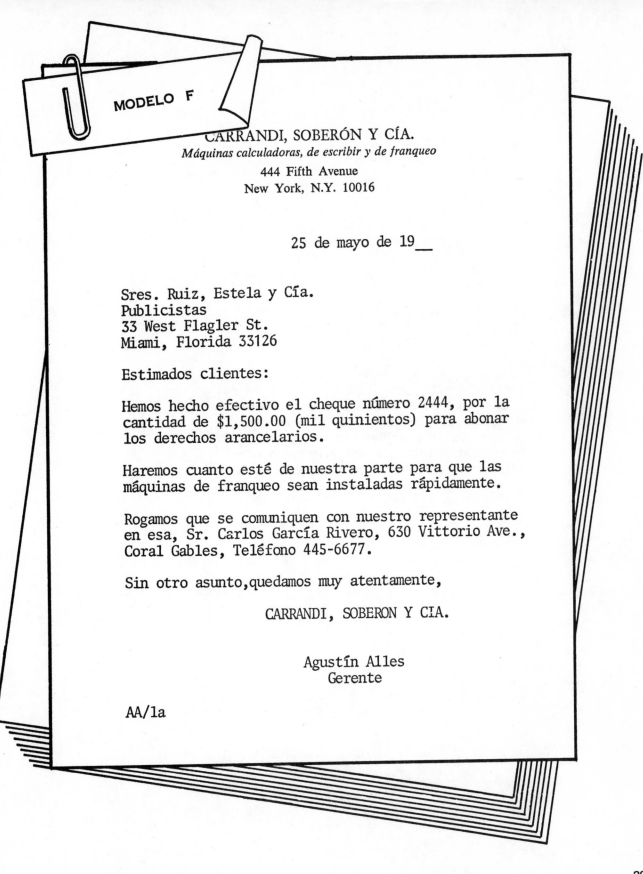

CARRANDI, SOBERÓN Y CÍA.

*Máquinas calculadoras, de escribir y de franqueo*

444 Fifth Avenue
New York, N.Y. 10016

25 de mayo de 19__

Sres. Ruiz, Estela y Cía.
Publicistas
33 West Flagler St.
Miami, Florida 33126

Estimados clientes:

Hemos hecho efectivo el cheque número 2444, por la
cantidad de $1,500.00 (mil quinientos) para abonar
los derechos arancelarios.

Haremos cuanto esté de nuestra parte para que las
máquinas de franqueo sean instaladas rápidamente.

Rogamos que se comuniquen con nuestro representante
en esa, Sr. Carlos García Rivero, 630 Vittorio Ave.,
Coral Gables, Teléfono 445-6677.

Sin otro asunto, quedamos muy atentamente,

CARRANDI, SOBERON Y CIA.

Agustín Alles
Gerente

AA/la

Los nombres de personas, establecimientos, membretes, pueblos, direcciones, fechas, etc., que aparecen en este libro, no son reales. Si, por casualidad, coinciden con personas o entidades existentes, ha sido sin intención especial.

Capítulo XI

Alumno:.......................................................................................Fecha:.................................................

1.—Redacte un recibo —en español y a continuación en inglés— sobre los datos siguientes:                    Membrete: APARTAMENTOS "EL OASIS"
                                           Olmedo 344-388
                                           Guayaquil, Ecuador

                              Inquilino: Dr. Guillermo Costales

                              Apartamento Núm. 28 J

                              Renta mensual: 2,000 Sucres

                              Fecha: Octubre de 19........

2.—Utilizando las expresiones y vocablos numerados que aparecen en el texto redacte el borrador para una CARTA DE SOLICITUD DE EMPLEO:

Capítulo XI                                      Ejercicio Núm..................

Alumno:................................................................................................Fecha..........................................

3.—Utilizando las expresiones y vocablos numerados que aparecen en el texto redacte el borrador para una carta de SOLICITUD DE CATÁLOGO:

4.—Escriba, a continuación, el ejercicio número 3, de la página anterior, en inglés:

Capítulo XI

# APENDICE I

# CLAVE PARA LA CORRECCION DE PRUEBAS

| | | |
|---|---|---|
| Mayúscula ☰ | universidad | Universidad |
| Minúscula ⹀ | Octubre | octubre |
| Cursiva ‒ | La Ilíada | *La Ilíada* |
| Cursiva, mayúsculas ≣ | Fausto | *FAUSTO* |
| Subrayar ∿ | El País | El País |
| Transposición ∾ | correspondecia | correspondencia |
| Insertar palabra ∧ | el hombre *pobre* | el pobre hombre |
| Insertar coma ⹁ | facturas etc. | facturas, etc. |
| Insertar punto y coma ⹁ | comer en otras | comer; en otras |
| Insertar punto ⋀ | el Dr Ruiz | el Dr. Ruiz |
| Insertar dos puntos ⋀ | tales como | tales como: |
| Insertar comillas ⹂ ⹄ | Honrar, honra | "Honrar, honra" |
| Todo en mayúscula ☰ | E. M. Hostos | E. M. HOSTOS |
| Eliminar las letras ⊢⊣ ⊥ | es de gratis | es gratis |
| | es una libro | es un libro |
| Unir ⌣ | re ci bo | recibo |
| Mover a la derecha ] | A . Precisión | A. Precisión |

| | | | |
|---|---|---|---|
| Mover a la izquierda [ | [B. Claridad | B. Claridad | |
| Mantener la palabra, todo está correcto: vale (‒ ‒ ‒ ‒) | de ~~aquellos~~ casos | de aquellos casos | |
| Sustituir —— | *negro* ~~blanco~~ | negro | |
| Párrafo ₽ | ₽ No es justo | No es justo | |
| No párrafo No ₽ | No ₽ En mi poder | En mi poder | |
| Letra negra 〜〜〜 | En aquellos | En aquellos | |
| Letra pequeña X X | XVersos LibresX | Versos Libres | |
| Acento / | corazón | corazón | |
| Diéresis ᐯᐯ | bilingüe | bilingüe | |
| Espacio # | granhombre | gran hombre | |
| Eliminar < > | es una <bella> casa | es una casa | |
| Eliminar espacios ⅄ | Hispano América | Hispanoamérica | |
| Arterisco ✱ | Damasajova✱ | Damasajova* | |
| Paréntesis ( ) | El no estaba pre-parado (carecía de experiencia) para esa plaza. | El no estaba pre-parado (carecía de experiencia) para esa plaza. | |
| Corchete [ ] | Todo está publi-cado (vea, por ejemplo, Almana-que Comercial [6ta. edición] pág. 335). | Todo esta publi-cado (vea, por ejemplo, Almana-que Comercial [6ta. edición], pág. 335). | |

30 de Julio de 19___

Sres. Orobengoa y Cía.

Obispo, 233

La Habana

Estimados señores:

Acusamos recibo de su carta de fecha 25 de Julio.

No. Muchas gracias por el valioso anuncio publicado en el heraldo de Cuba.

Sin duda, la propaganda es un factor fundamental para introducir ~~psicológicamente~~ un producto.

Muy pronto, para hacer más positiva la propaganda efectiva enviaremos varios millares de muestras donde se destaque el lema de nuestro producto, pruebe y compare.

Otra vez nuestras gracias.

Muy sinceramente,

TRINIDAD Y HERMANOS

Fernando Hernández
Gerente

30 de julio de 19__


Sres. Orobengoa y Cía.
Obispo, 233
La Habana

Estimados señores:

Acusamos recibo de su carta de fecha 25 de
julio.  Muchas gracias por el valioso anuncio
publicado en el HERALDO DE CUBA.

Sin duda, la propaganda es un factor fundamental para introducir un producto.

Muy pronto, para hacer más efectiva la propaganda, enviaremos varios millares de muestras
donde se destaque el lema de nuestro producto:
PRUEBE Y COMPARE.

Otra vez nuestras gracias.

Muy sinceramente,

TRINIDAD Y HERMANOS



Fernando Hernández
Gerente


FH/lg

# APENDICE II

## LA PUNTUACIÓN

La puntuación es un sistema de signos ortográficos que, bien empleados, contribuyen a dar claridad a las ideas expresadas. En otras palabras, que el lector dé a las ideas la expresión misma de quien las escribió.

## USO DEL PUNTO .

Del punto y aparte: Separar conceptos que no guardan una íntima relación con el párrafo siguiente. Señala una pausa. Termina una frase.

Del punto y seguido: Separa conceptos relacionados entre sí. La pausa contribuye a dar más énfasis.

Después de abreviaturas: Dr., Sr. Cía., M. A. Jiménez, etc.

## USO DE LA COMA ,

En la enumeración de conceptos:

Por correo aéreo enviamos la factura, libros, tarjetas para la clasificación, cubiertas plásticas y material de oficina.

Para separar una frase explicativa:

El café, como todos los productos de importación, aumenta de precio cada día.

Para escribir la fecha:
Bayamón, P.R., 5 de mayo de 19........

Para separar términos introductorios:

Por consiguiente, daremos curso a su pedido.

Antes de los vocablos "pero" o "mas":

Ud. puede asistir, pero deberá presentar el boleto.

Ud. puede asistir, mas la presentación del boleto es indispensable.

Para separar cláusulas o frases de mucha extensión.

## PUNTUATION

Puntuation is a system of marks and points, convenient mechanical devices, used for joining or separating words and word groups. The purpose of this system is to clarify what otherwise would be ambiguous or confusing statements.

## USE THE PERIOD .

At the end of a declarative sentence.

At the end of an imperative sentence.

After all the initials and after most abbreviations (C.O.D., Inc., R.R.)

Between dollars and cents expressed in figures (8.75).

## USE THE COMMA ,

To point off a subordinate clause preceding its principal clause (clauses often introduced by words like if, unless, since, because, etc.).

To set off a nonrestrictive appositive but not a restrictive appositive.

To separate coordinate clauses joined by one of the pure conjunctions (and, but, for, or, neither, nor).

To point off an introductory phrase containing a verb.

To point off a dependent word or word group that breaks the direct continuity of the sentence.

To point off parenthetic words, phrases, and clauses.

To point off words or word groups used in a series when there are at least three units.

To point off words used in direct address or in explaining other words.

Para separar números (7,181,000).

Nota (En España, se usa el punto para separar números: 7.891.000.)

## USO DEL PUNTO Y COMA    ;

El punto y coma significa una media pausa:

Amar es noble; odiar es innoble.

Entre la coma y el punto ocupa una posición intermedia:

Lo más urgente irá por vía aérea; el resto irá por ferrocarril.

Generalmente, en estos casos:

El día 20 le enviamos el pedido de libros; sin embargo, aún no hemos recibido la factura firmada.

Se han revisado todos los cheques; no obstante, revisaremos, también, los últimos remitidos el mes anterior.

Todas las formas han sido llenadas correctamente; por lo tanto, pueden ser remitidas sin preocupación.

## USO DE LOS DOS PUNTOS  :

Despúes del saludo o tratamiento inicial:

De nuestra consideración:

Estimado Señor:

Honorable Señor:

Precediendo conceptos textuales:

To point off sentence elements that might to wrongly joined in reading if there were no commas.

To indicate the omission of words that are understood by the reader:

Jay and Bob attended a football game: Ruth and Ann, a movie.

The desk is listed at $175; the chair, at $50.

To separate number (7,891.000).

Before a short quotation.

## USE THE SEMICOLON  ;

Between the members of a compound sentence when no conjunction is used.

Between the clauses of a compound sentence that are poined by such words as also, consequently, for, hence, however, in fact, therefore, whereas, etc.

Before the expressions as, that is, namely, i.e., e.g., to wit, viz., when they introduce an illustration that is a complete clause or an enumeration that consists of several items.

To separate the members of a compound sentence when one or both members are punctuated with commas.

Between serial phrases or clauses having a common dependence on something that precedes or follows.

Between the members of a series of clearly defined units, upon each of which special emphasis is to be laid.

## USE THE COLON    :

Between two independent groups having no connecting word between them, the first group pointing forward to the second.

After forward-looking expressions.

Before a series of expressions.

Before a long quotation.

Martí dijo: "Honrar, honra"

La factura dice: "La mercancía viaja por cuenta y riesgo del comprador"

Para separar una proposición general de otras que expliquen o aclaren:

"Por favor, informen cuál de los dos libros prefieren: el de gramática para los cursos elementales, o el de gramática histórica para los cursos superiores."

Para separar horas y minutos cuando lo expresamos en cifras:

10:15 a.m.

11:30 p.m.

To separate hours and minutes when expresed in figures (10:15 a.m.)

After the salutation of a business message.

## USO DEL SIGNO DE INTERROGACIÓN ¿  ?

Cuando se hacen preguntas:

¿Cuál de las revistas expresadas prefiere recibir Ud.?

¿Qué hora es?

¿Dónde está situada la universidad?

¿Quién compró el libro de poemas de Lola Rodríguez de Tió?

## USE THE QUESTION MARK   ?

After a direct question.

After a question in abbreviation form (What is your opinion of the Baltimore & Ohio? the Santa Fe? the Union Pacific?

In parentheses (?) to denote doubt or uncertainty.

## USO DEL SIGNO DE ADMIRACIÓN ¡ !

En frases que indican sorpresa, asombro, emoción intensa . . . etc.:

¡Cuánta pena!

¡Nó! ¡Eso no es cierto!

## USE THE EXCLAMATION POINT   !

After exclamatory sentences or expresions to indicate strong emotion or to carry sharp emphasis.

## USO DEL APOSTROFE   '

Suprime la vocal final de una palabra cuando la siguiente empieza por igual clase de letra:

d'este (Ya el apóstrofe no se usa en español).

## USE THE APOSTROPHE   '

To indicate possession.

To indicate the omission of letters in a contraction.

To indicate the plural of abbreviations, letters, figures, and words.

In expressions pertaining to time or measure, or expressions suggesting personification.

## USO DE LAS COMILLAS " "

En la transcripción de textos:

En su carta del 17 de enero nos expresan, "que toda la mercancía debe ser remitida por vía aérea".

Para destacar palabras, frases, títulos de artículos publicados en revistas, etc.
Ella trabaja en "La Moda".

Representamos las marcas siguientes: "Fulgor", "Brillo", etc.

Leí el artículo de Mañach "Varona y su época".

## USE THE QUOTATION MARKS " "

To enclose every direct quotation.

To enclose the titles of subdivisions of published works and the titles of magazine articles, reports, lectures, and the like.

To enclose unusual or peculiar terms, words used in some special sense, or words to which atention is directed in order to make the meaning clear.

When a quotation mark and another mark of punctuation occur together, the following rules should be applied:

(a) Place the period of the comma always inside the quotation mark.

(b) Place the colon or the semicolon always outside the quotation mark.

(c) Put any other mark inside when it is part of the quotation and outside when its refers to the entire sentence, of which the quotation is only a part.

## USO DEL GUIÓN MAYOR —

Para aclarar conceptos en frases de alguna extensión:

En las letras hispánicas el romanticismo apareció —ocho años antes que en España— en la oda Niágara del gran poeta cubano José María Heredia.

Para indicar el cambio de personas que entran en un diálogo:

—Bien, bien— dijo Fidela—; yo también quiero tomar el aire...

—No, hija mía; tú te quedas aquí. Otro día saldrás tú...

## USE THE DASH —

To show a sudden break or transition in thought.

To separate the name of an author from an extract from his writings.

For emphasis before an appositive, especially if the appositive is separated from its substantive by several words.

Instead of a comma where heavy emphasis is desired.

## USO DEL GUIÓN MENOR ·

Para dividir las sílabas de una palabra cuando la palabra no cabe en el renglón:

## USE THE HYPHEN ·

To indicate the division of a word at the end of a line.

Ayer enviamos a Ud., conjuntamente con las mercancías, la factura.

Para separar algunas palabras compuestas:

Ex-gobernador

Cubano-americano

Debe evitarse el uso del guión en palabras compuestas de uso permanente:

Latinoamericano
Intercontinental
Hispanoamericano
Subdirector, etc.

To join the parts of certain compound words.

## USO DEL PARENTESIS  ( )

Se usa para ampliar el sentido de una oración, a manera de explicación:

Todas las ventas a crédito (por disposición del Presidente de la Compañía) han sido suprimidas.

Para expresar la misma idea en forma más completa:

Cinco mil dólares ($5,000.00)

Algunas veces para expresar los nombres de autores:

**Bodas de sangre** (Federico García Lorca)

**Júbilo y Fuga** (Emilio Ballagas)

## USE THE PARENTHESIS  ( )

To enclose figures following amounts expressed in words.

To enclose numbers or letters in enumerations run into the text.

To set off parenthetic, explanatory, or supplementary material.

## USO DEL CORCHETE  [ ]

Para incluir materia o expresión que no tiene conexión con el texto:

Hemos remitido por vía marítima [los aranceles han aumentado] todos los artículos del pedido número 23445.

También se usa para hacer alguna cita o aclaración dentro de un paréntesis:

Ellos confirman vuestra opinión (vea, por ejemplo, El Mundo de los Negocios [5ta. edición], pág. 213).

## USE THE BRACKETS  [ ]

To enclose matter having no connection with the text.

To enclose a parenthetic expression within material already in parenthesis.

Otros signos de puntuación que también se emplean son:

**LOS PUNTOS SUSPENSIVOS** ... (son tres) se usan en la transcripción de un párrafo, cuando no es necesario copiar completo el párrafo:

Todo quedó aclarado con su carta de 9 de marzo donde expresa: "Su obra, como texto para los cursos superiores, resuelve el gran problema que hemos venido confrontando desde ..."

**EL ACENTO** ´ se coloca en los textos escritos (en algunas palabras) sobre la vocal de la sílaba tónica:

En relación con su carta de fecha 5 de mayo, remitida por vía aérea, según expresa en su telegrama, le informamos que la misma no ha llegado a nuestro poder.

**EL ARTERISCO** * colocado después de una palabra sirve para llamar la atención del lector sobre una aclaración que, generalmente, aparece al final de la carta o página, donde nuevamente se coloca ese signo:

Antes de la publicación de **Ismaelillo**\*, que dió nuevo tono a la poesía hispánica, ya Martí, en su prosa cromática y musical, había fijado el nuevo rumbo del Movimiento Modernista.

——\* Pequeño libro de versos dedicado a su hijo.

**LA DIERESIS** .. son dos puntos que se colocan sobre la ü para que en las sílabas güe - güi resulte más sonora la u.

  Agüero   –   Camagüey   argüir

Se utiliza en poesía para obtener una sílaba más: rüido.